사이드 잡 *Side Job*

현명한 소비 활동만으로도 돈을 벌 수 있는 소비자 시대

Double Job 더블 잡

사이드 잡 *Side Job*

현명한 소비 활동만으로도 돈을 벌 수 있는 소비자 시대

Double Job 더블 잡

_____ 님께

후회 없는 삶,
실천하는 삶을 위하여

_____ 드림

머리글

　이제 한국 사회는 고령화 시대로 진입했다. 고령 사회는 누구나 70세 이상까지 어떤 형태로든 일을 하여야만 하는 환경이다.

　사회 전반적으로 평생 직장이라는 개념은 사라지고 평생 직업이라는 새로운 개념이 우리에게 가까이 다가오고 있다.

　아무리 열심히 일을 하여도 직장 한 곳에서 퇴직하는 사람이 전체의 10%가 안 된다는 통계가 많은 사람들을 불안하게 만들고 있는 것이다. 그나마 정년 퇴직을 한다고 해도 58세 정도가 고작이니 그 이후의 일에 대해서 누구나 고민하게 되는 것이 또다른 현실인 것이다.

평생 직장의 개념이 깨지기 시작하면서, 선진 사회로 진입하기 시작하면서 그리고 고령화 시대로 진입하기 시작하면서, 누구나 가지게 되는 고민은 자기 자신이 어떠한 일을 평생토록 잘 할 수 있을 것인가 하는 것이다. 그래서 많은 사람들이 자기 직업 이외의 새로운 가능성이 있는 직업을 찾기 시작하는 시대가 된 것이다.

자신의 미래를 위하여, 평생 일할 수 있는 직업을 위하여, 그리고 보다 풍요로운 삶을 영위하기 위한 일을 찾기 시작하면서 Two Job이니 Side Job이니 Double Job이니 하는 새로운 용어들이 생기게 되었다.

낮에는 직장에서 그리고 퇴근 후에는 다른 일터에서 또는 집에서 다른 일을 하는 사람의 숫자가 급증하고 있다. 이러한 평생 동안 할 수 있는 새로운 일을 찾는 데 우리가 유의해야 할 점은 미래 산업 구조의 변화와 사회 구조의 변화에 대한 분명한 인식이라고 할 수 있다.

3~40년 후에 우리 사회는 어떠한 모습으로 변화될 것인가를 이해하고 새롭게 변화되는 사회에 잘 적응하면서 자

신의 취향에도 맞는 일을 찾는 사람이 현명하다 할 수 있을 것이다.

이 책이 새로운 흐름의 한 줄기를 이해하고 새로운 일을 찾는 데 도움이 되기를 진심으로 바라며, 이 책이 나올 때까지 애써주신 '아름다운사회' 임직원 여러분들께 감사의 말을 전한다.

경영학 박사 이영권

Contents

Side Job
현명한 소비 활동만으로도 돈을 벌 수 있는 소비자 시대
Double Job

머리글   7

Part 01

불완전 고용의 시대, 직장에 대한 패러다임을 바꿔야 생존한다!

대충 살고 싶지는 않은데……	13
가난은 행복의 적이다	16
당신도 20년 후에는 노인이다	20
인생은 42.195킬로미터의 마라톤!	22
내일 역시 오늘과 같다면 무엇이 달라지겠는가?	24
대기업 직장인 17%가 부업을 한다	27
부자들의 지갑은 결코 경기를 타지 않는다	29
직업주의를 버려라	35
변화를 두려워하지 않아야 한다	41
만져 보지 않고서는 그 촉감을 알 수 없다	45
수박씨는 잘 자라면 본래 크기의 20만 배까지 성장한다	48

Part 02

인생의 90%는 당신의 선택에 달려 있다

파이프라인의 의미를 모르면 평생 가난에 허덕인다	52
생각의 물구나무서기	58
변화 속의 기회	60
유통의 변화가 돈의 흐름을 바꾸고 있다	62
공짜 광고는 이제 그만!	65
뭐라도 얹어주어야 팔린다	67
네트워크 마케팅이 인터넷 쇼핑몰로 확 바뀌었다	76
저렴한 소비와 현명한 소비의 차이	86
21세기의 돈의 흐름은 네트워크 마케팅이 주도한다	93
불황일 때는 이런 일에서 기회를 잡아라	95
분석하고 연구하고 확인하라	98
시장의 한계가 없다	100
해마다 사람들의 씀씀이가 늘고 있다	101

Part 03

진정한 실속파는
21세기의 새로운 사업 코드에 접속한다

돌멩이는 평지에서는 장애물이지만 시냇물에 놓으면 징검다리가 된다	105
100가지를 아는 것보다 1번의 실천이 더 중요하다	107
휴먼 네트워킹이 되어야 한다	110
꾸준히 해야 된다	111
자본이 없어도 충분히 가능한 사업이다	117
상상을 초월하는 인터넷의 파워	118
노후 대비는 물론이고 유산으로 물려줘라!	123
미래는 밝다	126
진실이 성공의 관건이다	129
네트워크 마케팅은 세상의 변화를 따라잡는 핵심 열쇠!	132

제1장 불완전 고용의 시대, 직장에 대한 패러다임을 바꿔야 생존한다!

대충 살고 싶지는 않은데……

'참살이'라는 말을 알고 있습니까?

그것은 요즘 선풍적인 인기를 끌고 있는 '웰빙'을 우리말로 바꾼 것입니다. 웰빙을 한 마디로 말한다면 '잘 먹고 잘 사는 것', 즉 편안하고 행복한 삶을 말합니다. 어쩌면 우리는 모두 그러한 삶을 살기 위해 열심히 노력하며 살고 있는 것인지도 모릅니다.

하지만 전망이 없거나 미래가 보이지 않는 일에 매달리면 아무리 열심히 노력을 해도 노력한 만큼의 대가를 받기가 어렵습니다. 또한 지금 당장은 그럭저럭 먹고살지라도 미래를 제대로 간파하지 못하거나 현재의 편안함에 안주하면 그것 또한 오래 가지 못합니다.

세상은 빠르게 변화하고 있습니다.

당신의 현주소는 어디입니까? 혹시 고속철도를 탔을 때, 차창 밖의 모든 것이 휙휙 지나가는 것을 보고 아찔함을 느껴 본 적은 없습니까? 지금 세상은 그 정도의 속도로 변화하고 있습니다. 문제는 그러한 변화를 알고는 있는데 대체 무엇을 어떻게 해야 할지 몰라 대책을 세우지 못하는 사람이 많다는 사실입니다.

그렇다고 한 번뿐인 인생을 대충대충 살고 싶은 사람은 단 한 명도 없을 것입니다.

우리는 간혹 '변화 속에서 기회'를 찾으라는 말을 듣곤 하는데, 그러려면 대체 어떻게 해야 하는 것일까요? 변화를 어떻게 받아들여야만 그것을 '위기'가 아니라 '기회'로 만들 수 있을까요?

키에르케고르는 인간을 다음의 세 가지 유형으로 나누고 있습니다.

▶ **첫째**, 거미 같은 사람으로 무위도식하는 쓸모없는 사람
▶ **둘째**, 개미 같은 사람으로 부지런히 일하고 열심히 노력하지만 이기적인 사람
▶ **셋째**, 꿀벌 같은 사람으로 열매를 맺는 삶을 살아가는 사람

20세기 초반에 발명된 자동차는 사람들의 라이프 스타일을 완전히 바꿔놓았습니다.

현재 우리가 누리고 있는 것 중에서 '이것이 없는 생활

은 생각하기조차 끔찍하다'라는 것 중의 하나가 바로 '자동차'입니다. 우마차나 인력거, 말이 도로를 터덜거리던 시대의 종지부를 찍고 자동차가 처음으로 등장했을 때 사람들은 달리는 쇳덩어리를 괴물처럼 바라보았지만, 지금은 자동차 없는 생활을 생각하기조차 힘들 정도가 되어 버렸습니다.

이와 마찬가지로 인터넷으로 대표되는 디지털 세상의 변화는 우리들의 직장이나 문화 그리고 부자가 되는 원리까지 크게 바꿔놓고 있습니다.

자동차의 등장은 '나룻배'를 타던 사람들이 '모터보트'를 타게 된 수준처럼 지금은 '인터넷'이라는 '항공모함'이 세상의 모든 변화를 이끌고 있습니다.

발 빠르게 항공모함에 올라탄 사람은 이미 큰 성공을 거두고 계속 달려 나가고 있습니다. 하지만 변화가 두려워 아직도 나룻배나 모터보트에 남아 있는 사람은 항공모함이 멀찍이 앞서 나가는 것을 그저 부러운 듯이 바라보고만 있을 뿐입니다.

지금은 그 어디에서도 안정적인 직장을 찾을 수 없습니다. 의사나 변호사 등 소위 '사' 자가 붙은 직업도 이제는 철밥그릇이 아니라 깨지기 쉬운 사기그릇으로 변해 버리고 말았습니다.

자기 자신이 정체되어 있다고 느껴지는 시기에는 상투적인 시각이나 익숙한 관점에만 머물러 있을 것이 아니라 완전한 발상의 전환을 이루어 탈출구를 찾아 내야 합니다.

왜 직장이 아니면 안 된다고 생각하는 것입니까? 그 이면을 보십시오. 아주 가까운 곳에 '참살이'와 아주 거리가 먼 직장 생활의 탈출구가 있습니다.

정말로 한 번뿐인 인생을 대충 살고 싶지 않다면, 항공모함에 올라타십시오.

가난은 행복의 적이다

젊은 시절에는 가난한 것이 성공의 실마리를 제공하는 경우도 있으므로 그리 부정적인 것만은 아닙니다. 사실,

가난에서 벗어나고 싶다는 욕구보다 더 강한 힘은 없습니다.

하지만 중년이 된 나이까지도 가난하다면 그것은 불행한 일입니다. 왜냐하면 중년의 나이라는 것은 이미 젊은 시절의 노력에 대한 결과가 있어야 하기 때문입니다. 만약 중년이 되어서도 가난하다면 그것은 젊은 시절을 제대로 보냈다고 할 수 없을 것입니다.

가난하다는 것은 단순히 불편한 정도로 끝나는 것이 아닙니다. 가난하다면 다른 일을 즐길 수 있는 여유가 생기지 않고 오로지 먹고사는 일에만 매달려야 합니다. 인간은 먹지 않고는 살아갈 수 없으므로 생계에 매달리다 보면 정신적인 자유로움을 추구하는 것은 거의 불가능합니다.

정상적인 생활을 누리며 행복을 추구하기 위해서는 돈이 반드시 필요합니다. 인생에서 돈의 여유가 보장되지 않는다면 마치 톱니바퀴가 어긋나는 것처럼 인생이 어긋나게 되는 것입니다.

돈을 벌어 경제적으로 안정을 취하고 삶의 자유를 얻고자 한다면, 돈을 위해 일할 것이 아니라 돈이 자신을 위해 일하도록 해야 합니다. 자산이라고 하는 것은 단순히 열심히 일한다고 하여 쌓이는 것이 결코 아닙니다. '부'라고 하는 것은 근면, 성실, 정직이 가져오는 것이 아니라 확고한 원리 원칙과 명확한 요구에 의해 얻게 되는 것입니다. 그러므로 부를 얻기 위한 보다 구체적인 계획이 필요합니다.

결코 허망한 꿈을 좇으려 시간을 낭비하지 말고, 확실한 전망이 있으면 끈기 있게 노력해야 하고 수지타산이 맞지 않는다고 생각하면 당장 그 자리에서 손을 떼야 합니다. 일단 자신의 노력과 시간을 투자하겠다고 결심했다면 한 달, 두 달 그리고 6개월 후의 청사진을 준비하십시오.

중요한 것은 한 달이나 두 달 후의 실적이 아니라 6개월 혹은 1년 후의 실적입니다. 6개월 혹은 1년이 되었어도 예측했던 대로 결과가 나오지 않거나 앞으로 호전될 것이라는 전망이 서지 않는다면 방법을 바꾸든가 방향을 재설정해야 할 것입니다. 스스로 허용할 수 있는 한도를 정해 놓고 그 정도의 수준에서 마음껏 승부를 걸어보는 것입니다.

돈은 어디까지나 자신의 생존과 건강 그리고 행복을 위한 수단에 지나지 않습니다. 그러므로 돈 그 자체가 아니라 생존 수단으로서의 돈의 가치를 높게 평가해야 합니다.

어느 마을에 바보라고 놀림을 받던 소년이 있었습니다. 동네 아이들이 그 바보 소년을 놀려주기 위해 손바닥에 10원짜리 동전과 100원짜리 동전을 올려놓고 마음대로 집어가라고 하면 그 소년은 항상 10원짜리 동전을 집어갔던 것입니다.

어느 날, 한 인자한 아주머니가 소년을 보고 말했습니다.

"얘야, 10원짜리보다 100원짜리가 더 크단다. 다음부터는 100원짜리를 집으려무나."

그러자 그 바보 소년은 싱긋 웃으며 말했습니다.

"알고 있어요. 하지만 제가 100원짜리를 집으면 아이들이 다시는 그런 장난을 치지 않을 것 아니겠어요? 그럼 저는 더 이상 돈을 벌 수 없잖아요."

당신도 20년 후에는 노인이다

한나와 테드 부부는 72세의 노부부이다. 베이비 붐 세대인 이들은 건강상 주의를 필요로 하는 나이가 되었다. 이들 부부는 내과의, 심장 전문의, 척추 교정, 지압사 등에게 신속하게 다이얼을 돌릴 수 있도록 전화 장치를 해 놓았다. 이 부부의 외동딸인 베키는 마흔두 번째 생일을 맞이했고, 10대인 베키의 자녀들은 의식주를 전적으로 부모에게 의존하고 있다. 여기까지는 오늘날의 기준에서 볼 때 크게 이상하게 들리지 않는다. 그러나 20년 후에는 95세가 넘은 베키의 조부모가 살아 있고, 건강이 악화되어 일거수 일투족을 간호사에게 의존해야 한다면? 조부모, 부모, 자녀 이 세 세대는 베키의 양 어깨를 짓누르고, 정부는 그녀의 봉급에서 더 많은 돈을 빼앗아 가려 할 것이다. 그녀는 어느 추수감사절에 자신을 포함한 네 세대가 모여서 즐겁게 먹고 있는 저녁 식사 비용을 자신과 남편만이 내고 있다는 사실을 문득 깨닫게 될 것이다.

- 늙어가는 대한 민국 중에서

이것은 결코 먼 나라의 이야기가 아닙니다. 이미 고령화 사회로 진입한 우리 나라도 노인을 부양하는 문제가 상당히 심각한 수준에 이르렀습니다.

실제로 젊은 시절에 제대로 노후를 대비하지 못한 많은 노인들이 외로움 속에서 말년을 힘들게 보내고 있습니다.

현재 따로 사는 노인들의 비율은 50%를 넘어섰고 2010년에는 70%, 2020년에는 90%에 달할 것이라고 합니다. 부모님들은 뼈빠지게 일을 해서 자녀들을 가르쳤습니다. 그렇게 힘들게 자녀 양육을 위해 젊은 시절을 보냈지만 인생의 말년을 궁핍함과 외로움 속에서 보내고 있는 부모님들이 많다는 것입니다.

특히 핵가족을 당연시하는 요즘의 젊은 세대들은 부모의 재산에는 깊은 관심을 보이면서도 부모 부양에는 무관심한 것 또한 사실입니다. 자녀를 적게 낳는 추세에 맞춰 한둘만 낳아 남부럽지 않게 잘 키우자고 하면서도 정작 자신을 키워 준 부모에게는 그다지 관심을 보이지 않는 것이 현실입니다. 현재 노인들이 겪고 있는 외로운 말년은 결코 먼 얘기가 아닙니다.

지금의 3, 40대 역시 출산율 감소와 평균 연령의 증가로 생산 연령 비율이 증가하는 추세에 맞춰 더 오랫동안 일을 하면서도 쓸쓸한 노후를 보내야 한다는 문제에 당면해 있는 것입니다.

노인 부양을 둘러싼 세대간의 갈등이 사회 문제화 되고 있는 현실 속에서 당신은 미래를 어떻게 준비할 생각입니까? 소득 없이 보내야 하는 길고 긴 노년의 삶을 누가 보장해 줄까요?

인생은 42.195킬로미터의 마라톤!

인생은 42.195킬로미터의 마라톤입니다.

특히 지금은 고령화 사회이므로 살아갈 날이 매우 깁니다. 하지만 직장 생활을 하는 사람은 끝까지 같은 페이스로 그 긴 거리를 달려갈 수가 없습니다. 많이 그리고 열심히 뛰어야 100명이나 200명의 입사 동기 중에서 한 사람이 CEO가 될 뿐, 나머지 사람들은 그럭저럭 버티다가 50세

이전에 직장을 나와야 하는 형편입니다. 설사 60세까지 근무하더라도 70세까지 근무하기란 하늘의 별따기처럼 어려운 것이 현실입니다

나머지 99% 이상은 결코 조직 내에서 자신의 생활을 끝까지 영위할 수 없습니다. 다른 조직으로 옮기거나 계속 이리저리 방황할 수밖에 없는 것입니다.

그러므로 멀리 내다보아야 합니다. 삼 씨가 뿌려지는 것을 본 한 현명한 제비가 그것이 자라면 농부가 삼으로 그물을 만들 테고, 그 그물이 자신과 동료들에게 해가 될 것임을 미리 알고 그 씨앗을 먹어치우자고 제안한 것처럼, 미래를 대비해야 하는 것입니다.

2003년도 인구 통계에 따르면 남녀 평균 생존 연령은 거의 80세 가까이 됩니다. 특히 우리 나라는 고령화 사회로의 진행 속도가 세계에서 가장 빠릅니다.

2020년이면 완전한 고령화 시대가 될 것으로 예상됩니다. 이것은 결국 30세부터 생산 활동에 뛰어들었다면 20년에서 30년 정도 일을 하고 그와 비슷한 기간 동안 수입 없이 지내야 한다는 것을 의미합니다.

생각해 보면 다급하고 초조한 일이 아닐 수 없습니다.

지금 열심히 벌어서 먹고사는 데도 빠듯하고 힘든데, 정작 수입이 끊기는 노년기가 된다면 어떻게 살아가야 할까요? 설마 국민연금에 모든 것을 기대하는 것은 아니겠지요!

내일 역시 오늘과 같다면 무엇이 달라지겠는가?

늘 당신의 장래에 대해 생각하십시오. 당신이 하고 있는 일이 언제까지 가능한지, 그 때까지 번 돈으로 나머지 생을 풍요롭게 살 수 있는지를 따져 보아야 합니다.

가능한 한 당신 자신만의 독특한 경쟁력, 색깔을 가지면서 퍼스널 브랜드를 만들어 가십시오. 당신이라는 브랜드의 상품 가치를 높이는 것입니다. 기업이 브랜드를 널리 알리려 애쓰는 것처럼 당신도 자신의 브랜드를 널리 알려야 합니다. 자신의 브랜드를 높이는 것이 인생을 사는 데 있어서 힘닿는 데까지 일할 수 있는 유일한 길이기 때문입니다.

당신에게 돈이 많다면 처음부터 자기 사업을 하십시오. 그러면 평생 해고를 당한다거나 갑자기 직장을 잃는 일은 없을 것입니다. 하지만 대다수의 사람들에게는 사업을 벌일만한 돈이 없습니다. 99%의 사람들은 투자는 고사하고 먹고살 돈조차 부족합니다. 직장 생활 20년 해서 남는 것은 덜렁 집 한 채 정도이고, 그것도 좋은 데 있는 것이 아니라 도시 변두리 어디쯤에 있습니다. 그렇지 않으면 5천만 원에서 1억 원, 많아야 2억 원 정도의 퇴직금밖에 없는 실정입니다. 1억 원을 은행에 예금해 보아야 월 33만원, 2억 원이면 66만원의 이자를 받는 것이 요즘의 현실입니다.

그러므로 자신의 자본을 투자하지 않고 몸과 마음과 머리를 가지고 열심히 뛰면서 끝까지 사업을 영위하거나 사업을 하면서 퍼스널 브랜드까지 높일 수 있는 일이 무엇인가를 생각해 보는 것이 당연합니다. 물론 이런 일은 성공 확률이 희박하여, 자칫 잘못하다가는 사기꾼들에게 말려들어 그나마 평생 모은 돈을 고스란히 날려버릴 수도 있습니다.

직장을 떠난 사람이 선택할 수 있는 길은 지극히 제한적입니다. 대개는 또다른 직장을 찾아 나서지만, 운이 좋아 직장을 잡더라도 저임금의 단순 노동인 경우가 많습니다.

사람의 평균 수명을 80세로 보았을 때 직업을 세 번 정도 바꿀 수 있다고 합니다. 왜냐하면 세상은 빠르게 바뀌고 있고 개인적으로 다른 직업을 위해 스스로를 계발할 수 있는 기회는 줄어드는 반면 최소한 5~10년은 준비를 해야 다른 직업으로 넘어갈 수 있기 때문입니다.

문제는 재취업을 하더라도 60세 정도가 되면 그만두어야 한다는 데 있습니다. 최소한 70세까지 일을 하려면 평소에 돈을 많이 모아 그것으로 자기 사업을 하든지, 그렇지 않다면 은행 이자라도 받아 살아야 합니다. 만약 당신에게 유산이나 인적 자원 중에서 유산이 없다면 인적 자원을 가지고 할 수 있는 일을 일찌감치 찾는 것이 좋습니다.

막연히 '내일은 오늘보다 분명 나아질 거야'라고 생각하지 마십시오. 내일 역시 오늘과 같다면 하루하루가 모여 10년이 되고 20년이 되는 것인데, 무엇이 달라지겠습니까!

대기업 직장인 17%가 부업을 한다

직장인들 중에는 퇴근 시간을 기다리며 하루를 보내고, 휴일을 기다리며 일주일을 보내고 월급을 기다리며 한 달을 허송세월하는 사람들이 많습니다. 이렇게 뚜렷한 목표 없이 마지못해 다니는 직장인은 낮은 급여를 탓하며 비전이 없다고 생각하여 경영층을 원망하기도 하지만, 반대로 경영자들은 부하 직원이 업무에 대한 열정이 부족하고 자기 계발이 부족하다는 생각을 하게 됩니다.

그러나 성공적인 삶을 살려고 노력하는 사람이라면 모든 원인과 책임을 본인으로부터 그 해결 방안을 찾아야 합니다.

모든 것은 시간 속에서 만들어집니다. 즉 시간을 얼마나 가치 있게 활용하느냐 하는 것은 오로지 자기 하기에 달려 있는 것입니다.

국세청의 발표에 의하면 우리 나라에는 연봉 1억 원이 넘는 샐러리맨이 대략 2만1,000명이라고 합니다. 하지만 연봉 1억 원을 받으려면 대학 졸업 후 전문직에서 20년 이상 엄청난 경쟁과 노동에 시달려야만 합니다. 그것도 샐러리맨의 2% 정도만 그만큼의 액수를 받을 뿐입니다.

그래서 그런지 통계청의 사회 통계조사 결과를 분석해 보면 만 15세 이상의 우리 나라 사람 가운데 지금의 생활이 만족스럽다고 느끼는 사람은 10명 중에서 2명에 지나지 않다고 합니다. 아무리 노력해도 사회적 지위가 높아지지 않는다고 생각하는 사람도 10명 중에서 3명꼴입니다.

가계 부채는 늘어나고 여기에 일하는 시간은 주5일제로 한정되어 수입은 줄어들고 있는 상황에서 샐러리맨이 택할 수 있는 방법은 단 한 가지, 부업을 하는 것밖에 없습니다.

실제로 채용 정보업체인 잡 코리아가 직장인 4천35명을 대상으로 조사한 결과, 대기업 직장인 5명 중에서 1명은 부업을 가진 투잡스 족이라고 합니다. 이들 중에서 대기업 종사자들은 17.3%, 벤처 기업은 12.3%, 공공 기관은 8.8%로 나타났으며 겸업 비율은 상대적으로 낮았다고 합니다.

부업으로 얻는 월평균 수입은 50만 원에서 200만 원 사이가 60% 정도로 나타났으며 한 달에 500만 원 이상의 수입을 올리는 사람도 6.4%에 달했습니다.

다른 한편으로 먹고살려면 돈이 필요하고 일자리는 갈수록 줄다 보니 요즘은 살림만 하는 남편들이 늘고 있다고 합니다. 고용 불황 속에서 일자리를 찾아 나선 주부들의 자리를 대신하여 남편들이 가사 노동을 하고 있는 것입니다. 이것은 아마도 '사오정'으로 대변되는 직장인들의 조기 퇴직 풍조와 맞물려 생계가 위협받고 있다는 반증일 것입니다.

얼마 전 통계청이 내놓은 고용 동향 자료에서도 '남자 전업 주부'와 '주부 취업'이 동시에 늘고 있는 것으로 확인되고 있습니다. 취업을 포기하고 가사에 전념하는 남자가 증가한다는 뉴스거리는 왠지 우리를 우울하게 합니다.

부자들의 지갑은 결코 경기를 타지 않는다

탈무드에 보면 이런 이야기가 나옵니다.

어느 유대 인이 하나밖에 없는 아들에게 좀 더 많은 공부를 시키기 위해 아들을 멀리 유학 보냈습니다. 그런데 아들이 학교에서 공부를 하고 있는 동안, 갑자기 병을 얻은 아버지는 자신이 얼마 살지 못할 것임을 알고 유서를 남겼습니다.

"전 재산을 하인에게 물려준다. 나의 아들에게는 그가 원하는 단 한 가지만 선택하게 하라."

결국 그는 아들도 보지 못하고 저 세상으로 떠나 버렸습니다. 그러자 하인은 뛸 듯이 기뻐하며 유언장을 들고 즉시 아들에게 달려갔습니다.

"아니, 아버님께서 돌아가셨단 말이냐?"

"그렇습니다. 이게 바로 유서입니다."

하인은 좋아서 어쩔 줄 모르며 유언장을 내밀었습니다. 어쨌든 장례를 정중히 모신 아들은 장례가 끝나자, 랍비를 찾아가 자신이 처한 상황을 말했습니다.

"아버님은 저를 무척 사랑하셨는데, 왜 저에게는 한 푼도 남기지 않았을까요? 제가 아버님의 뜻을 거스른 적도 없는데요."

그러자 랍비는 껄껄 웃으며 말했습니다.

"무슨 소리! 자네 아버님은 무척 현명하시고 또한 자네를 많이 사랑하셨네. 유서가 그것을 충분히 증명하고 있지 않나."

"모든 재산을 하인에게 주셨는데, 어찌 아버님이 저를 사랑하신다고 말씀하시는 건가요?"

"자네는 아버님의 현명하신 뜻을 제대로 이해하지 못하고 있군."

"네?"

"자네 아버님은 만약 자신이 죽게 되면 하인이 모든 재산을 갖고 도망치거나, 재산을 탕진해 버리거나, 심지어 아버님이 사망했다는 사실조차 알리지 않을 수도 있음을 간파하고 모든 재산을 하인에게 남긴다는 유서를 쓴 것이네. 모든 재산을 주겠다고 하면 하인은 당연히 서둘러 자네에게 찾아올 것이고 또한 자신의 재산이라 생각하여 그 재산을 소중히 간수할 것이 아닌가."

"그것이 저에게 무슨 의미가 있습니까?"

"하인의 모든 재산은 주인에게 속한다는 사실을 모르는

가? 자네의 아버님은 자네가 원하는 단 한 가지를 자네에게 주겠다고 했네. 그러니 이제 자네는 그 한 가지로 하인을 선택하면 되는 것 아니겠나? 얼마나 현명하고 사랑이 넘치는 생각인가!"

"그렇군요."

그제야 모든 것을 깨닫게 된 아들은 하인을 선택하여 아버지의 모든 재산을 고스란히 물려받게 되었고 그 후, 하인을 해방시켜 주었습니다.

유대 인이 어떤 사람들인데 자식에게 재산을 물려주지 않고 하인에게 고스란히 주었겠습니까! 사실 말이지 세상에서 유대 인만큼 돈을 좋아하는 민족도 드물 것입니다.

'세상에는 세 가지의 중대한 것이 있는데 첫째도 돈이요, 둘째도 돈이요, 셋째도 돈이다' 라고 말할 정도로 유대 인은 돈을 중요하게 생각합니다.

사실, 돈 없이 세상을 살아갈 수 있습니까? 산 속에 들어가 그야말로 자급자족을 하지 않는 한, 돈이 있어야만 생존할 수 있습니다. 돈만 있으면 원하는 것은 뭐든 손에 넣을 수 있는 세상입니다. 그렇다면 어떻게 해서든 돈을 벌어야 할 텐데 돈을 버는 특별한 노하우라도 있는 것일까요?

물론 특별한 방법이 있습니다.

부자들이 어떻게 부자가 되었는가를 보면 당신 역시 돈을 벌 수 있습니다. 우선 부자들은 예외 없이 한 가지 공통점을 지니고 있는데 그것은 바로 '직접 소유한다'는 것입니다.

주변을 돌아보십시오. 누가 돈을 만집니까?

집주인입니까? 아니면 임차인입니까?

이마트에서 한 푼 두 푼 아끼며 소비하는 소비자들입니까? 아니면 이마트의 주주들입니까?

고급 자동차의 소유자입니까? 아니면 자동차 수리공입니까?

흔히 생각하기에 세상에는 돈을 빌려 주려는 사람보다 빌려 쓰려는 사람이 더 많을 것이라고 생각하지만 그 반대입니다. 오히려 빌려 주려는 사람이 78이고 빌려 쓰려는 사람은 22입니다.

예를 들어 은행은 많은 사람들로부터 돈을 빌려 일부 사람들에게 다시 그 돈을 빌려 주고 있습니다. 만약 빌려 쓰려는 사람이 더 많다면 은행은 존속하기 힘들 것입니다.

이것은 서민들과 부자들이 지닌 돈의 양에도 적용됩니다. 부자의 숫자는 서민들에 비해 압도적으로 적지만, 그들이 소유하고 있는 돈은 상대가 안 될 정도로 많습니다. 즉, 다수의 서민이 갖고 있는 돈은 22이지만, 소수의 부자들이 갖고 있는 돈은 78인 것입니다.

그렇기 때문에 경기가 어려울 때, 서민들의 지갑은 꽁꽁 얼어붙지만 부자들의 지갑은 결코 경기를 타지 않습니다. 그들은 언제 어느 때든 필요하다고 생각되면 경기와 상관없이 소비를 즐기는 것입니다.

실제로 경기가 어려워지면 서민들은 먹는 것 이외에는 모든 구매를 줄이지만, 부자들이 즐기는 명품관이나 해외 골프 투어는 꾸준히 호황을 누립니다. 극단적으로 대비가 되는 사례로 일단 경기가 위축되면 국내 생산 신차나 중고차의 거래가 뚝 끊기는 반면 수입차에 대한 수요는 꾸준히 증가합니다.

그런 것을 생각하면 정말 돈의 생리는 대단한 것 같습니다.

직업주의를 버려라

고정된 수입만으로는 돈을 벌기가 쉽지 않습니다. 한 달 내내 직장에서 벌어들이는 고정된 수입은 고스란히 먹고 사는 데 들어갈 뿐, 늘 그 타령이 그 타령인 것입니다. 따라서 좀 더 부가 가치를 창출해 낼 수 있는 일을 통해 수입의 다양화를 꾀해야만 합니다.

어느 샐러리맨의 다음과 같은 고백은 수많은 사람들이 겪고 있는 현주소입니다.

나는 학창 시절부터 틀에 박힌 단체 생활을 싫어했다.
똑같은 교복, 똑같은 책상, 똑같은 의자, 똑같은 머리, 성냥갑 같은 교실…….
그래서 그런지 대학에 들어가자마자 한꺼번에 주어지는

자유의 맛에 흠뻑 빠져들어 남이 보기에 방종에 가까운 생활을 했다.

나는 언제나 자유롭고 싶었다.

대학을 졸업한 뒤에 나는 남들이 하는 것처럼 샐러리맨 생활을 시작하였다.

그런데 출근하여 출근카드 찍고, 퇴근할 때 퇴근카드 찍는 그 생활이 왜 그리 지옥 같은지……

월요일만 되면 월요병에 시달리면서, 지긋지긋한 회사로 향하며 속으로 '때려치우든지 해야지 원'이라고 중얼거린다. 그래도 목구멍이 포도청이라고 정말로 때려치우지는 못한다. 꼬박꼬박 나오는 월급이라도 있어야 자동차 할부금, 아파트 융자금, 아이들 교육비, 생활비, 세금 등을 낼 수 있기 때문이다. 물론 늘 허리띠를 졸라매건만 여유는 없다.

그러면서도 인사철마다 마치 장난감 로봇이 된 듯한 느낌에 치가 떨린다. 혹시라도 지방으로 발령을 받거나 아예 책상이 치워지는 날에는 그나마 각종 세금과 공과금도 내지 못하고 사람 구실도 못 하는 사람으로 전락할까 봐

두렵기 때문이다. 아, 어쩌면 나는 평생 두려움에 사로잡혀 허리가 휘어지게 일만 하다가 늙을지도 모른다.

자유롭고 싶다.

돈만 있으면 자유로울 수 있을 텐데…… 그냥 자유를 누릴 수 있을 만큼만 돈을 벌고 싶다.

사람들은 왜 돈을 원하는 것일까요?

직장에 다니거나 돈을 모으는 목적은 자녀 교육비, 주택 마련, 노후 생활 대비 등 매우 다양할 것입니다. 하지만 그 대답의 유형이 아무리 다양할지라도 궁극의 목적은 단 하나 바로 '행복하기 위해서'입니다. 문제는 행복해지기 위해 얼마의 돈이 필요한지 구체적으로 알고 있는 사람이 드물다는 것입니다.

특히 은퇴 시기나 은퇴 자금에 대한 생각은 막연하기 그지없습니다. 좀 더 심하게 표현하자면 왜 돈을 모아야 하는지도 모르고 돈을 모으려고 하는 사람이 많은 것이 사실입니다.

예를 들어 당신이 현재 35세이고 60세에 은퇴할 계획이라고 해 봅시다. 은퇴 이후에 현재 가치로 월 125만 원(연 1,500만 원) 정도의 생활비를 확보하려면 60세 시점에서는 6억 원이 넘는 돈이 필요합니다.

헉! 소리가 절로 나옵니까?

왜 그런지 그 이유를 생각해 봅시다. 현재 연간 1,500만 원 수준의 지출을 25년 후에도 지속하려면 물가 상승률을 3%로 가정했을 때 60세 시점에는 연간 3,140만 원의 수입이 있어야 한다는 계산이 나옵니다. 문제는 2003년도 OECD(경제협력개발기구) 발표에 의하면 한국인의 평균 수명이 75.5세라는 것입니다.

이제 왜 돈을 벌어야 하는지 감이 잡힙니까?

늙는 것도 서러운데 돈이 없어서 아파도 치료를 제대로 받지 못하거나 심지어 굶기까지 해야 한다면 얼마나 비참하겠습니까!

부자가 되십시오. 정말로 부자가 되고 싶다면 돈이 자신을 위해 일하도록 만들어야 하고 집중해야 합니다. 우리가 살고 있는 사회는 아직까지도 가정과 학교 교육을 통해 암묵적으로 직장을 강요하지만 부자가 되기 위해서는 봉급 생활자보다는 오히려 사업가가 되는 길을 택하는 것이 낫습니다.

봉급 생활에 매달리면 부채가 쌓이고 그 부채를 갚기 위해 더욱더 열심히 일하지만 그렇게 해서는 결코 부자가 될 수 없습니다. 자산이라고 하는 것은 열심히 일한다고 하여 쌓이는 것이 아닙니다.

헨리 포드나 빌 게이츠가 직장을 고집했다면 아마도 그 정도의 부를 축적하지는 못했을 것입니다. 그들은 자신의 사업으로 성공한 사람들입니다. 예를 들어 빌 게이츠는 소프트웨어를 팔아 부자가 된 것이 아니라 일을 중단해도 수입이 지속적으로 들어오는 자산 시스템을 만들었기 때문에 부자가 된 것입니다.

고용주는 돈을 주고 자신의 사업을 위해 종업원들을 고용합니다. 그들은 지렛대 원리를 이용하여 종업원들의 시간과 노력을 구매한 뒤 커다란 성공을 일궈 낸 것입니다. 즉, 일정 금액의 지출을 하고 수익으로는 그 몇 배, 또는 수십 배 이상을 거두는 것으로, 지렛대의 적은 힘으로 무거운 것을 드는 원리와 같은 것입니다.

직장이 경제적 독립을 실현시켜 줄 것이라고 믿고 있습니까? 혹시 자아 실현과 경제적 자유를 혼동하는 것은 아닙니까? 직장은 자아 실현을 위한 곳일 수는 있습니다. 그러나 직장에서 받는 월급으로는 결코 경제적 자유를 누릴 수 없습니다.

기회를 사냥하지 않고 평생 더 나은 직장을 찾아 헤맨다면 당신은 결코 삶의 자유와 독립을 얻지 못할 것입니다.

직장을 찾아 나서는 대신 기회를 찾아 나서십시오. 직장이 아니면 안 된다는 사고 방식을 버리고 미래를 담보해 주는 기회를 찾아보십시오.

자기 사업을 소유하는 것은 부를 창출하는 최선의 방법입니다. 그리고 계속해서 부를 유지하는 최선의 방법이기도 합니다.

변화를 두려워하지 않아야 한다

　변화를 제일 싫어하는 동물을 꼽으라면 단연 '쥐'를 들 수 있는데 쥐는 새로운 길로 나아갈 때 1미터를 나아가면서도 수십 번을 왔다 갔다 한 다음 전진한다고 합니다. 그런 쥐의 모습을 보며 사람들은 흔히 "쥐는 변화를 싫어한다"라고 말하지만, 자기 자신 역시 쥐처럼 행동하는 경우가 상당히 많습니다.

　이 세상에 변화를 두려워하면서 성공하는 사람은 없습니다. 누구나 한 번쯤은 자신의 미래에 대해 생각해 봅니다. 하지만 긍정적이며 희망적인 생각을 갖기보다는 불확실하고 절망적인 미래를 생각할 때가 많습니다. 물론 미래의 꿈이 멀리 보이는 산처럼 너무나 멀게 느껴져 그 꿈에 도달할 방법이 전혀 보이지 않을지도 모릅니다. 마치 아무것도 보이지 않는 깊은 산 속에 둘러싸인 것처럼 말입니다. 그러나 본인의 노력 여하에 따라 지금 서 있는 자리에서 미래로 갈 수 있는 확실한 방법은 분명 있습니다.

우리 나라에서 전화를 사용하게 된 것은 1896년 궁내부에 설치한 것이 처음입니다. 그 당시 고종이 승하하자 순종은 부왕의 능에 전화를 설치하고 아침 저녁으로 전화를 이용하여 곡을 올렸다고 합니다. '신기한 소리통'이라고 불리던 라디오는 1866년 프로이센 인 오페르트를 통해 처음으로 전해졌는데, 이후 93년 뒤 금성사가 국산 라디오 개발에 나섰습니다.

물론 당시의 주변 반응은 매우 싸늘했습니다.

"럭키가 화장품 크림으로 돈을 좀 벌더니 쓸데없는 짓을 하는구먼."

그 때, 구인회 사장은 이렇게 말했습니다.

"한국 사람은 원래 재주가 많아. 우리가 플라스틱을 생산할 수 있으니까 그 속에 진공관 몇 개만 집어넣으면 소리통이 나올 수도 있다고!"

그렇게 하여 일제 라디오 산요를 모델로 한 'A-501'이 탄생하게 되었습니다.

변화에 도전하는 사람만이 성공할 수 있는 법입니다.

물론 변화는 누구나 싫어합니다. 변화는 사람을 움직이게 만들고 고민하게 만들고 걱정하게 만들기 때문입니다. 그러나 변화는 엄청난 힘으로 무섭게 다가옵니다. 단지 한꺼번에 폭풍처럼 다가오는 것이 아니라 서서히 다가오기 때문에 잘 모를 뿐입니다.

마찬가지로 살이 하루에 2킬로그램, 3킬로그램씩 찐다면 사람들은 금방 조치를 취할 것입니다. 그러나 살은 하루에 10그램, 20그램, 30그램씩 찌기 때문에 제때에 관리를 하지 못해 나중에는 엄청나게 살이 찌게 됩니다.

변화는 그처럼 대응하기가 쉽지 않습니다.

하지만 늘 변화를 민감하게 예의주시하고 그것을 결코 두려워하지 않으며 자신감 있게 대응하면 성공할 확률을 높일 수 있습니다.

옷을 계절별로 잘 갈아입는 것처럼 사회의 변화에 대해서도 늘 민감하게 반응하고, 변화에 적응하거나 변화를 극복하려는 자세를 갖추십시오.

1985년 이전에는 인터넷이 지구상에 존재하지 않았습니다. 처음으로 인터넷이 나오고 이메일을 사용하게 되었을 때, 그것이 사회적 변화를 가져올 것임을 깨달은 사람은 그것에 대해 연구하고 노력하여 엄청난 돈을 벌어들였습니다.

똑같이 변화를 맞이했는데, 왜 어떤 사람은 인터넷을 즐기면서 돈을 벌고 또다른 사람은 그렇지 못한 것일까요? 그것은 바로 변화를 받아들였느냐 그렇지 못하느냐의 차이 때문입니다.

모든 정보를 인터넷을 통해 볼 수 있음에도 불구하고 아직도 도서관에 가서 자료를 뒤적이는 사람이 있습니다. 돈 하나 안 들이고 이메일로 연락을 할 수 있는데 열심히 편지를 써서 우표를 붙여 편지를 보내는 사람도 있습니다. 물론 지극한 정성을 표현하기 위한 것이라면 할 수 없지만 하루빨리 연락을 취해야 할 일이라면 보내는 즉시 상대방이 받아볼 수 있는 이메일이 돈도 안 들고 편하다는 데 이견이 있을 수 없습니다.

우리 주변에서 서서히 일어나고 그러면서도 빠르게 변하고 있는 사회의 단면들을 체크해 보십시오. 그 속에 부가 숨어 있습니다.

어쨌든 중요한 것은 변화가 있을 때 그 변화가 나쁜 것이라면 안전하게 피해 있는 것이 옳지만, 그것이 올바른 변화라면 그 변화를 빨리 잡아타야 성공할 확률이 높다는 것입니다.

변화에 적극적으로 대응하는 사람만이 성공할 수 있습니다.

만져 보지 않고서는 그 촉감을 알 수 없다

『포춘』지가 선정한 500대 기업의 한 대표이사는 이렇게 말했습니다.

"나더러 어떤 훌륭한 아이디어를 1달러에 사라면 망설일지 몰라도 그 아이디어를 실천할 수 있는 계획을 100만 달러에 판다면 기꺼이 그것을 구입할 것이다."

여기서 말하는 '실천할 수 있는 계획'이란 바로 '시스템'을 말합니다. 당신 역시 시스템이 구축된 사업에서 해답을 찾아야 합니다. 스스로 시스템을 구축하든지 아니면 이미 구축된 시스템을 활용해야 하는 것입니다.

 물론 스스로 시스템을 구축하는 것보다는 이미 성공이 입증된 시스템을 활용하는 것이 비용 면에서나 시간 및 노력 면에서 볼 때, 보다 이상적일 것입니다.

 가장 이상적인 사업은 '자신이 좋아하는 일 중에서 이미 성공이 검증된 시스템을 따라 사업을 시작하는 것'입니다. 그러면 값비싼 실수의 확률을 줄일 수 있기 때문입니다.

 1953년 5월 29일 오전 11시 30분, 텐징 노르가이는 "산이 거기에 있기 때문에 오른다"는 말을 남긴 조지 멀로니가 첫 등정에 나선 지 32년 만에 에베레스트의 정상에 올랐습니다. 물론 영국 원정대 에드먼드 힐러리와 함께였지만 힐러리는 자신을 30분이나 기다려 준 텐징이 최초로 산에 오르도록 양보를 했던 것입니다.

 그들이 산소통을 살펴보니 정상에 머물 수 있는 시간은 단 15분이었고 힐러리는 숨가쁘게 텐징의 모습을 필름에 담았습니다. 어머니의 무릎에 오르는 아이의 마음으로 산에 올랐다는 텐징은 이후로 다시는 에베레스트를 오르지 않았습니다. 하지만 힐러리는 1958년에 견인차를 끌고 남극에 도착했고, 1977년에는 제트보트를 이용하여 갠지스 강을 거슬러 올라가는 모험을 감행했습니다.

그는 모험 없이는 아무것도 얻을 수 없음을 잘 알고 있었던 것입니다.

힐러리는 1951년 처음으로 에베레스트 등정에 나섰을 때 실패하자 이런 말을 남겼습니다.

"에베레스트 산은 이미 자랄 대로 자랐지만 내 꿈은 아직도 계속 자라고 있다."

사실, 인생에 있어서 위험을 감수하지 않는 사람은 고통받거나 고뇌하지 않을 수 있을지도 모르지만 그 사람에게는 어떤 배움도 어떤 느낌도 어떤 변화와 어떤 성장도 있을 수 없습니다.

모험을 선택하는 사람만이 자유와 독립을 쟁취할 최소한의 자격을 갖추었다고 할 수 있습니다.

울타리를 넘어 당신의 삶을 온전히 당신의 것으로 소유하십시오.

수박씨는 잘 자라면 본래 크기의 20만 배까지 성장한다

유대 인은 아담 스미스가 『국부론』을 쓰기 훨씬 이전인 1565년에 출판된 『유대 인 율령집』에서 "인간은 본질적으로 부를 축적할 것을 희구한다"라고 기록할 만큼 오랫동안 돈에 대해 생각해 왔습니다. 왜냐하면 돈은 인생 최대의 문제 중의 하나이기 때문입니다.

인간 사회에서 돈이 가지고 있는 힘은 대단히 큽니다. 실제로 돈이 있는 곳에서는 평화가 있을 가능성이 높으며 돈이 없는 곳에서는 불평이나 다툼이 일어날 가능성이 높습니다.

돈이라고 하는 것은 그야말로 복권에 당첨되지 않는 한, 한꺼번에 들어오는 법은 없습니다. 서서히 10만 원, 100만 원, 1000만 원…… 하는 식으로 조금씩 쌓이게 되는 것입니다.

그렇다면 당신은 10만 원을 어떻게 벌었습니까? 물론 열심히 노력했겠지요. 10억 원을 버는 것도 마찬가지로 열심히 노력하면 됩니다. 단지 10만 원보다는 10억 원을 버는 것이 좀 더 시간이 많이 들 뿐입니다.

왜 돈을 벌려고 합니까? 아내나 자식, 남의 생각은 다 빼고 당신의 생각을 말해 보십시오. 돈을 벌고자 하는 목적을 분명히 하는 것이 중요합니다.

세상에 쉬운 일이란 없습니다. 비즈니스는 오락이 아니라 말 그대로 사업입니다. 이 세상 어느 사업가도 편히 앉아서 펜대만 굴려가며 돈을 벌지는 못합니다. 좋은 집을 갖고 싶든, 멋진 자동차를 사고 싶든, 목표를 분명히 하고 그것을 실현하기 위해 행동하십시오.

사람은 누구나 현재보다 나은 미래를 꿈꿉니다. 하지만 그 방법을 알지 못하거나 아니면 단순히 꿈만 꿀뿐 행동하지 않아 원하는 삶을 살지 못하는 사람들이 많습니다. 발전을 하려면 필요한 정보를 보다 빨리 입수하고 이해하기 위한 노력을 기울여야 하는데, 그러지 못하는 것입니다.

좋은 정보를 얻기 위해 보고 듣고 읽는 훈련을 하십시오.

TIP

불완전 고용의 시대, 직장에 대한
패러다임을 바꿔야 생존한다!

사람들이 직장에 나가 일을 하는 이유는 노동의 대가로 임금을 받아 경제적으로 안정을 취하고, 더 나아가 자아 실현의 장으로 삼으려 하기 때문입니다. 하지만 고용 불안정, 사교육비, 집값 등의 사회의 여러 문제점들이 기본적인 생활을 꾸리기조차 힘들 만큼의 경제적 압박을 가하고 있으며, 이에 따른 경기 침체가 계속된다면 사람들은 또다른 직업을 선택하여 부가 수입을 찾으려 하게 됩니다.

이른바 투잡스 족, 쓰리잡스 족이 되는 것입니다.

물론 이 모든 행동들은 삶에서의 행복을 찾기 위한 일일 것입니다. 돈으로 행복을 살 수는 없지만, 행복하게 사는 데 돈이 필요한 것입니다. 직장 생활이란 길어야 60세 이상 넘기기가 힘듭니다. 노후에 안정된 삶을 영위하기 위해서는 고정된 수입이 보장되어야 합니다. 그렇다면 무엇을 어떻게 해야 하겠습니까?

자신만의 기회를 찾아 자기 사업을 영위하는 것이 가장 적절한 방법입니다. 많은 자본을 들이지 않고 인적 자원만을 활용하여도 높은 수익을 올릴 수 있는 사업을 찾아야 하는 것입니다. 그러기 위해선 사회의 변화에 민감해야 하며, 꾸준히 정보를 모으고, 끊임없는 자기 계발의 노력이 있어야 하는 것입니다.

인생의 90%는 당신의 선택에 달려 있다

제 2 장

파이프라인의 의미를 모르면 평생 가난에 허덕인다

이탈리아 어느 작은 마을에 사촌지간인 파블로와 브루노라는 두 젊은이가 살고 있었습니다. 언젠가 커다란 부자가 되겠다는 꿈을 지니고 있던 그들은 모두 부지런했지만 아직 부자가 될 수 있는 기회를 발견하지는 못했습니다.

그러던 어느 날, 그들에게 기회가 찾아왔습니다. 가까운 강에서 마을 광장의 물탱크에 물을 길어 나르는 일자리를 얻었고 하루 종일 고된 노동 끝에 물통 하나에 1센트씩 계산하여 품삯을 받았습니다.

브루노는 돈을 벌 수 있다는 사실에 기쁨의 탄성을 질렀지만, 물통을 져 나르느라 손에 물집이 잡히고 허리가 아팠던 파블로는 '좀 더 쉽게 물을 나를 수 있는 방법'을 찾아보아야겠다고 생각했습니다.

다음 날, 물통을 지고 강으로 향하는 길에 파블로가 브루노에게 말했습니다.

"브루노! 나한테 계획이 있어. 하루에 몇 센트를 벌자고 물통을 지고 왔다 갔다 하느니 강에서 마을까지 파이프라인을 놓자."

"파블로! 이것은 좋은 일자리야. 하루에 100통을 나르면 1달러를 벌 수 있다고! 일주일이면 새 신발을 살 수 있고 한 달이면 소를 한 마리 살 수 있어. 6개월이면 새로 오두막도 장만할 수 있지! 이건 마을에서 제일 좋은 일자리야. 주말이면 쉴 수 있고 1년에 유급 휴가가 2주나 되잖아. 이보다 더 좋을 순 없어. 파이프라인 같은 소린 집어치워!"

하지만 파블로는 하루 중 몇 시간은 물통으로 물을 져 나르며 생계를 이어가고 나머지 시간과 주말을 이용하여 파이프라인을 놓기 시작했습니다. 물론 파이프라인을 통해 큰 수입을 벌어들이려면 1년 혹은 2년이 걸릴 수도 있다는 점을 알고 있었지만 그는 자신의 꿈을 믿었던 것입니다.

파블로는 마을 사람들로부터 '파이프라인 맨'이라 불리며 놀림을 받았지만, 고된 노동의 대가로 점점 살림이 불어났던 브루노는 안정된 일자리를 소유한 사람으로 인정을 받았습니다. 그러나 파블로는 주위 사람들의 평가에 개의치 않았고 브루노가 저녁과 주말에 그물침대에서 여유 자적하는 동안 열심히 파이프라인을 놓았습니다.

처음 몇 달은 전혀 진척이 없어 보였고 힘도 들었습니다. 저녁 시간과 주말에도 일을 한다는 점을 감안하면 브루노보다 더 고된 상황이었습니다. 하지만 파블로는 힘이 들 때마다 내일의 꿈은 오늘의 희생으로 이루어짐을 상기하였습니다.

그리하여 1센티미터가 1미터가 되고…… 10미터가 되고……100미터가 되더니 몇 개월 후에는 절반 정도가 완성되었습니다. 이것은 물통을 채우기 위해 종전의 절반에 해당하는 것만큼 왕복하면 된다는 것을 의미했습니다. 파블로는 이렇게 생긴 여유 시간을 이용해 파이프라인 작업에 더욱더 매진했고 완공 시기는 점점 더 앞당겨지고 있었습니다. 그 무렵, 고된 노동으로 몸이 많이 상한 브루노는 평생토록 물통을 져 날라야 하는 자신의 운명을 한탄하며 분노와 불만을 술로 달래고 있었습니다.

드디어 파블로의 파이프라인이 완공되었고 그는 더 이

상 물통을 질 필요가 없어졌습니다. 그가 일을 하던 하지 않던 물은 계속 흘렀고 그가 식사를 하는 동안에도 잠을 자는 동안에도 또한 노는 동안에도 쉬지 않고 흘렀으며 더 많은 양의 물이 마을로 흘러들수록 돈은 더욱더 많이 파블로의 주머니에 들어왔습니다.

하지만 그것은 파블로의 거대한 꿈을 실현하기 위한 제1단계에 지나지 않았습니다. 파블로는 전 세계를 관통하는 파이프라인을 구축하기 위한 계획을 세웠던 것입니다. 그는 먼저 일자리를 잃고 방황하던 브루노를 찾아갔습니다.

"자네에게 기막힌 사업 기회를 주기 위해 찾아왔네. 첫 파이프라인이 완공되기까지는 2년이 넘게 걸렸다네. 하지만 난 그 2년 동안 아주 많은 것을 배웠어. 어떤 장비를 이용해야 하며 어디를 파야 하는지, 관은 어떻게 설치해야 하는지 등을 알게 되었다네. 한 마디로 말해 여러 개의 파이프라인을 만들 수 있는 시스템을 개발하게 된 것이네. 물론 1년을 투자하면 혼자라도 파이프라인을 한 개 완성할 수 있지만 그건 내 시간을 최대로 활용하는 방법이 아니라네. 내 계획은 자네와 마을 사람들에게 파이프라인 놓는 방법을 전수하고 그 다음에는 자네와 그들이 다른 사람들에게 그 기술을 가르치도록 해서 이 지역의 모든 마을 나아가 이 나라의 모든 마을 그리고 궁극적으로는 전 세계 모든 마을로 파이프라인이 연결되게 하는 걸세. 그리고 파이프라인을 통해 흐르는 물에서 갤런 당 작은 금액만 우리 몫으로 챙기는 거야. 그러면 마을 사람들에게도 이익이 되지. 파이프라인이 많으면 많을수록 수입이 커진다네. 내가 만든 파이프라인은 꿈을 이룬 게 아냐. 단지 시작일 뿐이라고."

결국 그들 두 사람은 함께 파이프라인을 놓았고 수년 후, 파블로와 브루노가 은퇴한 지도 여러 해가 지났지만 확장된 그들의 파이프라인 사업은 여전히 연간 수백만 달러가 되어 그들의 은행 계좌로 꼬박꼬박 입금되었습니다. 그들은 여행을 즐기다가 물통으로 물을 길어 나르는 젊은 이들이 눈에 띄면 그들만의 파이프라인을 놓을 수 있도록 돕겠다고 제안합니다. 어떤 이들은 그들의 제안을 경청하고 갑자기 찾아온 기회에 뛸 듯이 기뻐하지만 불행하게도 대다수의 사람들은 파이프라인이라는 개념 자체를 성급하게 무시해 버립니다.

그들은 보통 "그럴 시간이 어디 있어요.", "내 친구가 그러는데 그 친구의 또다른 친구가 파이프라인을 만들다가 실패를 했대요.", "평생을 물을 길며 살았어요. 난 내가 하던 식으로 할래요"라고 말들을 합니다.

세상에는 물통을 져 나르며 살아가는 것을 당연하게 받아들이는 사람들이 아주 많습니다. 극소수의 사람들만이 파이프라인을 꿈꾸며 멋진 미래를 설계하는 것입니다. 당신은 어디에 속하십니까?

물통을 나르는 사람입니까 아니면 파이프라인을 만드는 사람입니까?

시간과 돈을 교환하는 행동, 즉 물통을 나르는 함정에서 벗어날 수 있는 자신만의 파이프라인을 찾으십시오.

생각의 물구나무서기

 푸에르토리코의 국립 미술관에 가 보면 죄수의 몸으로 아랫도리만 걸친 노인이 젊은 여자의 젖꼭지를 빠는 '노인과 여인'이라는 그림이 걸려 있습니다. 미술관의 입구에 들어서자마자 그 그림을 보게 되는 관람객 중의 많은 사람들이 이런 생각을 합니다.

 '아니, 이처럼 부자유스러운 애정 행각을 그린 작품을 국립 미술관의 입구에 전시하다니!'

 단순히 그림 그 자체만 놓고 보자면 불쾌감을 느낄 수도 있을 것입니다. 하지만 그 그림 속에는 감동의 스토리가 담겨 있습니다.

 죄수복을 입은 노인은 젊은 여인의 아버지입니다. 그러니까 커다란 젖가슴을 고스란히 내놓고 있는 여인은 노인의 딸입니다. 노인은 푸에르토리코의 자유와 독립을 위해 싸운 투사로 독재 정권은 그를 감옥에 가두고 음식물을 절대로 반입할 수 없다는 가혹한 형벌을 내렸습니다. 굶겨죽일 작정이었던 것입니다. 딸은 해산한 지 며칠 지나지 않아 무거운 몸으로 감옥을 찾았습니다. 아버지의 임종을 보기 위해서였습니다.

그녀는 뼈만 앙상하게 남은 아버지를 보고 피눈물을 쏟으며 마지막 숨을 헐떡이는 아버지 앞에서 앞가슴을 풀었습니다. 그리고 아기를 위해 불어 있던 젖을 아버지의 입에 물렸습니다.

본질을 모르면 푸에르토리코 사람들이 부녀간의 사랑과 헌신과 애국심이 담긴 '최고의 예술품'으로 자랑하는 성화를 단순히 '도색그림'으로 비하할 수도 있습니다. 그러나 그 본질을 알고 나면 가슴 찡한 아픔을 느끼게 됩니다.

우리는 가끔 본질이나 진실을 파악하지도 않고 자기 마음대로 상상하거나 지레 짐작하여 남을 비난하거나 어떤 상황을 비판하기도 합니다.

항상 사물의 이면 혹은 내면, 즉 본질을 보려는 자세를 갖추십시오. 본질을 알면 시각이 달라집니다. '꼭 이래야 한다'라거나 '반드시 이렇다'라는 교만과 아집, 편견을 버리십시오. 그래야만 세상이 제대로 보이고, 변화하는 시대의 흐름 속에서 기회를 알아볼 수 있습니다.

변화 속의 기회

우리를 둘러싼 환경은 시시각각 변화하고 있습니다. 변화가 없으면 발전도 성장도 아니 제자리에 서 있는 것조차 할 수 없기 때문입니다. 설사 우리가 느끼지 못할지라도 이 세상은 변화의 수레바퀴가 계속 돌아가면서 앞으로 나아가고 있습니다.

가까운 예로 우리가 물건을 구매하는 방식도 끊임없이 변화하고 있습니다. 우리에게 익숙한 소매점을 찾아가는 형태가 서서히 빛을 잃어가고 가정 주부들을 중심으로 '홈 파티(home party) 직접 판매'가 활발하게 전개되고 있는 것입니다. 미국 가정으로부터 시작된 이러한 형태의 유통 방식은 지금 전 세계적으로 빠르게 확산되고 있습니다.

'홈 파티 직접 판매'란 가까운 친구들이나 주변에 사는 이웃들을 집에 초대하여 차 한 잔 마시면서 서로의 사회 생활 및 라이프 스타일 등 이런 저런 이야기를 나누며 친목을 도모하는 것은 물론이고, 어느 특정 회사의 상품을 소개받아 구매 행위가 일어나면 그 집에 초대한 주인에게 소정의 인센티브가 돌아가는 방식을 말합니다.

이러한 수익 모델 비즈니스는 고정적인 수입 이외에 추가적인 수입을 원하거나 틀에 꽉 짜인 직장 생활에서 벗어나 자유롭게 사업을 전개하고 싶어 하는 사람들의 심리와 잘 맞아떨어지기 때문에 굉장히 빠른 속도로 성장하고 있습니다. 특히 사람들이 보통 친구나 아는 사람들과 함께 쇼핑하기를 좋아한다는 점에 착안하여 이를 적절하게 활용한 것이 바로 홈 파티 비즈니스 모델입니다.

신문을 펼쳐놓고 변화의 바람이 가장 거세게 불어 닥치는 곳이 어디인지 곰곰이 살펴보십시오. 아마도 어렵지 않게 변화의 핵이 어디에 숨어 있는지 찾아 낼 수 있을 것입니다.

우리 주변에서 가장 빠르게 그리고 가장 혁신적으로 변화되고 있는 분야 중의 하나가 바로 '유통' 입니다. 그렇기 때문에 우리는 먼저 유통의 변화에 대해 알아둘 필요가 있습니다. 왜냐하면 유통의 변화가 곧 돈의 흐름과 맥을 같이 하고 있기 때문입니다.

유통의 변화가 돈의 흐름을 바꾸고 있다

돈을 벌려면 '돈이 모여 있는 곳'에서 돈의 길목을 지켜야 합니다.

과거 농경 사회에서는 돈이 '땅'에 모여 있었기에 땅을 많이 소유한 자는 부자였고 나머지 대다수의 사람들은 부자의 땅을 빌어 간신히 생계만 유지하는 소작농이었습니다. 즉, 돈을 벌어들인 사람은 20%에 해당하는 땅주인이었고 80%의 사람들은 땅주인을 위해 일하는 소작농이었던 것입니다.

산업 시대에는 돈이 '공장'에 모여 있었습니다. 수많은 사람들이 공장에서 일을 하며 급여를 받았지만 정작 돈을 벌어들인 사람은 공장 주인이었습니다. 그러다가 갈수록 공장이 자동화되고 철도의 발달로 먼 거리까지 유통이 가능해지자 돈들은 유통쪽으로 몰리게 되었습니다.

시간이 흐를수록 유통 비용은 점점 생산 원가를 뛰어넘었으며 유통업으로 많은 돈을 버는 사람들이 생겨났고 새로운 부가 창출되었습니다. 이처럼 '유통'에 돈이 모이게 되면서 사람들이 시대의 흐름을 좇아 유통업에 대거 몰려들게 되자, 유통비는 하늘을 찌를 듯이 높아만 갔습니다. 기계의 발달로 생산비는 계속 내려가는데 비해 유통비는 오히려 오르기만 했던 것입니다.

바로 그 때, 백화점이라는 거대한 유통 시장이 생겨났습니다.

중간 유통 단계를 없애고 소비자에게 한 자리에서 쇼핑이 가능하다는 편리함을 제공하겠다는 의도는 좋았지만, 거창한 실내 장식과 엄청난 유통 마진으로 인해 가격이 비싸다는 흠을 안고 있었습니다. 백화점의 아성이 결코 무너질 것 같지 않을 만큼 단단하게 보였지만, 필요 이상으로 들어가는 비용 때문에 백화점의 물건 값이 비싸다는 것이 알려지자 그 약점을 보완하여 나타난 것이 현재 우리들이 가장 많이 다니는 할인 매장입니다.

가격 파괴라는 무기를 들고 탄생한 할인점의 등장은 우리 나라의 유통 시장 전체의 틀을 바꿔놓았습니다. 할인점의 등장은 사방 4킬로미터의 상권을 무너뜨릴 수 있는 위력이었습니다.

그 후에는 돈이 어디로 모여 들었을까요? 바로 TV홈쇼핑, 인터넷 쇼핑몰, 네트워크 마케팅입니다.

이들은 소비자 욕구에 부합한 측면이 많습니다. 유통 단계를 줄여서 가격이 저렴하고 언제 어디서든 쇼핑이 가능한 점 등은 소비자의 편리와 합리적인 소비 패턴을 지닌 소비자의 욕구를 잘 대변해 주고 있습니다. 이러한 점으로 볼 때 앞으로도 빠르게 성장할 분야입니다. 기존 백화점이나 일반적인 가게들을 위협할 것이며 소매 형태에 큰 변화를 불러올 것입니다. 거대한 돈의 흐름을 쥐락펴락하는 곳은 바로 유통 분야입니다.

공짜 광고는 이제 그만!

지금은 눈만 뜨면 가장 먼저 보이는 것이 광고일 정도로 대다수의 사람들이 광고의 바다 속에서 헤엄을 치며 살아가고 있습니다. 심지어 광고에 속속들이 물이 든 사람들은 제품의 품질보다는 브랜드의 가치에 따라 물건을 구입하기도 합니다.

그렇기 때문에 기업들은 엄청난 비용을 들여가며 그야말로 집요하게 광고를 하는 것입니다. 그리고 광고에 등장하는 CF 모델들은 억대의 수입을 올리기도 합니다. CF 광고뿐만 아니라 길거리에서도 많은 사람들이 광고를 위해 움직이는 것을 보게 됩니다. 각종 이벤트 회사에서 나온 도우미들이 개업집이나 제품 홍보를 위해 요란한 음악과 춤을 선보이며 사람들의 관심을 끌고자 애쓰는 것입니다. 물론 이들이 받는 보수는 CF 모델들에 비해 훨씬 낮습니다.

여기서 우리가 간과하고 있는 사실은 당신 역시 무수히 많은 광고를 해 주면서 한 푼도 받지 못한다는 점입니다.

당신이 공짜로 광고를 해 주고 있다는 사실을 알고 있습니까?

당신은 맛있는 갈빗집, 머리를 잘 하는 미용실 혹은 서비스 좋은 술집 등에 대해 누군가에게 소개를 해 준 적이 있을 것입니다. 뿐만 아니라 아파트, 동네 슈퍼, 할인점, 백화점, 약국, 병원 등 우리는 항상 누군가에게 어디가 좋다고 광고를 하고 있어 우리 자신을 움직이는 광고판이라고 해도 과언이 아닙니다.

입소문은 놀라운 효과를 발휘합니다.

소위 잘 나가는 가게는 입에서 입으로 퍼진 소문으로 많은 고객들이 찾아옵니다. 그런데 당신은 무수히 많은 광고를 해 준 대가로 무엇을 얼마나 받았습니까? 대부분의 경우, 단돈 10원도 받은 적이 없었을 것입니다. 결국 우리는 돈 한 푼 받지 못하면서 인간 광고판 역할을 하고 있고 가게는 수십, 수백만 원이 들어가야 할 광고를 공짜로 하는 셈입니다.

그런데 우리가 단돈 10원도 못 받으면서 인간 광고판 역할을 하고 있을 때 어떤 이들은 자본도 없이 자기 몸과 노력만으로 구전 광고를 이용해서 한 달에 수십만 원, 수백만 원 혹은 수억 원을 벌어들이고 있습니다.

이제는 당신이 그런 역할을 하고 싶지 않습니까?

뭐라도 얹어주어야 팔린다

미국의 빅3 자동차는 드럼형 브레이크에 끝까지 미련을 두고 있다가 1970년대 앞바퀴에 디스크 브레이크를 장착한 도요타에게 덜미를 잡혀 시장을 많이 잠식당했습니다. 산업혁명의 발상지인 영국은 뮬형 방적기로 세계 시장을 호령했지만 새롭게 등장한 링형 방적기를 가장 늦게 받아들이는 바람에 섬유 대국의 자리를 독일과 유럽 대륙에 내주고 말았습니다.

오늘날 우리 나라 수출 경제에 있어서 효자 노릇을 톡톡히 하고 있는 반도체 산업의 경우, 기존의 트렌치 공법(웨이퍼에 홈을 파는 방식)에 매달린 도시바가 삼성전자에 기술을 가르쳐 주고도 스택 공법(켜켜이 회로를 쌓는 방식)을 택한 삼성전자에 한 방 먹고 말았습니다.

기존의 성공 신화에 도취하면 남는 것은 후회와 2인자 혹은 3인자의 자리뿐입니다. '가장 좋은 때가 가장 위험한 때'라고 합니다. 잘 나가던 시절, 그야말로 클레오파트라보다 더 높이 콧대를 세우며 유통 업계를 좌지우지했던 백화점은 지금 할인점에 밀려 간신히 주차 시설 좋은 것 하나로 버티고 있는 실정입니다.

이제는 가히 할인점 전성 시대라고 할 정도로 할인점의 인기가 하늘을 찌르고 있습니다. 그 이유는 바로 가격이 싸다는 것은 기본이고 뭔가를 더 얹어주거나 캐시백 제도가 있기 때문입니다. 이제 마케팅의 흐름은 완전히 보상 마케팅이 주도권을 쥐고 있는 실정입니다.

유통 업계의 대변동

▶ 그 동안 호황을 누렸던 백화점 업계가 사향길로 치닫고 있다.
▶ 불과 4년의 역사를 가진 할인 매장 업체의 고속 성장은 향후 3년간 호황을 누릴 것이다.

> ▶ 할인 매장은 과다, 과열 경쟁과 세계적 유통의 대변혁으로 5년 이후면 급하락할 것이다.
> ▶ 향후 3년간 2위 자리로 성장세를 유지하던 무점포 마케팅 시장(통신 판매, 전자 상거래, 네트워크 마케팅)이 3년 후부터는 폭발적으로 고속 성장하여 지속적인 호황을 누릴 것이다.
>
> 〈1999년, '대한상공회의소'가 경제 전문인을 통하여 설문 조사한 내용〉

그렇다면 할인점이 이 시대 최고의 대안일까요?

물론 아닙니다. 가장 이상적인 형태는 생산자와 소비자가 직접 만나 생산자는 가장 높은 가격에 그리고 소비자는 합리적인 가격에 살 수 있는 형태가 되어야 합니다. 생산자와 소비자가 직접 만나 옛날의 원시 시대처럼 물건을 직접 사고 파는 곳이 많아질수록, 백화점이든 할인점이든 슈퍼든 소매점이든 기존의 유통을 하는 분들은 기분이 좋지는 않을 것입니다. 기존 유통 업자의 입장에서 보자면 기가 막히고 하늘이 노래질 소리지만 구매자의 입장에서 본다면 그것만큼 좋고 바람직한 것이 없겠지요.

그런 바람직한 방법은 무엇일까요? 지금보다 몇 퍼센트라도 장점을 지닌, 아니 엄청난 장점을 지닌 시스템은 없는 것일까요?

여기서 퀴즈를 하나 내겠습니다.

성별은 여성에 가깝고 나이는 2003년 기준 118세이며 출생지는 미국 조지아 주 애틀랜타인데 몸값은 2003년 기준으로 약 1,252억 달러로 145조 원에 가깝습니다.

지구인이 하루에 10억 병 이상을 마시고 있는 이것은 1886년 5월 한 약국에서 소화제용 시럽으로 개발된 것입니다. 홍콩에서는 그것을 감기 치료제로 뜨겁게 달여 마시기도 하고 하다못해 지구상에서 가장 폐쇄적이라는 북한에까지 진출했습니다. 산타클로스가 빨간 옷을 입게 된 것도 바로 이것을 홍보하기 위해서였다고 합니다.

성분을 밝히라는 정부의 압력에 99.5%는 설탕과 물이며 나머지는 미미한 것이라 밝힐 만한 가치조차 없다고 하는데, 그 0.5%의 비밀로 그것은 전 세계인의 입맛을 장악하고 있습니다.

그것은 무엇일까요?

눈치 빠른 사람은 그것이 코카콜라임을 단번에 알아차렸을 것입니다. 중요한 것은 코카콜라가 0.5%의 비밀로 세계를 석권한 것처럼 단순히 퍼센트로 헤아리기조차 어려울 만큼 엄청난 장점으로 유통 업계에 등장한 혁신적인 시스템이 하나의 산업으로 정착되고 있다는 사실입니다.

당신이 좋아하는 사업은 어떤 사업입니까?

출퇴근 시간이 따로 없다면 어떨까요?

종업원을 고용할 필요가 없다면 어떨까요?

굳이 사무실을 유지할 필요도 없고 잔뜩 재고를 쌓아놓을 이유도 없다면 어떨까요?

현재 하던 일을 계속하면서 부업으로 시작할 수 있다면 어떨까요?

가장 성공적인 선배들로부터 최고의 교육과 카운슬링을 받을 수 있다면 어떨까요?

무엇보다 초기의 막대한 사업 자본이 없어도 된다면 어떨까요?

거기에 그 성공을 자식에게 상속하는 것이 가능하다면 어떠하겠습니까!

그것은 바로 네트워크 마케팅입니다.

네트워크 마케팅은 자영 사업, 체인점 사업, 그리고 인터넷 사업의 장점을 모아 하나의 사업 형태로 만들어진 그야말로 21세기의 코드에 딱 맞는 사업입니다. 그러니 유통업자들이 가만히 보고만 있겠습니까?

코카콜라가 음료 업계는 물론이고 정부로부터 성분을 밝히라는 압력을 받는 것처럼 네트워크 마케팅도 엄청난 편견과 질시와 압력을 받고 있습니다. 실제로 1950년대에 처음으로 등장할 무렵부터 지금까지 네트워크 마케팅은 매스컴으로부터 그리고 편견에 사로잡힌 사람들로부터 욕을 먹고 비난받았습니다.

네트워크 마케팅은 20세기 그리고 21세기의 새로운 변화입니다. 뭐든 새로운 현상이 등장할 때에는 일반적으로 부정적인 반응들이 많이 나타나게 됩니다. 하지만 변화를 두려워하지 않고 끈기 있게 그 길을 가는 사람은 그만한 보상을 받게 되어 있습니다.

유통업의 발달 과정이 증명하듯 새로운 시스템은 받아들여지게 마련입니다. 무엇보다 네트워크 마케팅은 전반적으로 아주 설득력이 있습니다.

앨빈 토플러의 주장은 네트워크 마케팅의 미래를 잘 대변하고 있습니다.

"미래에는 생산자(Producer)와 소비자(Consumer) 대신 프로슈머(Prosumer)가 등장할 것이다. 소비만 강요당하던 소비자들은 다양한 경로를 통해 생산 과정에 직접 자신들의 의사를 반영하게 된다. 이런 물결을 무시하는 기업은 도태될 것이다."

앨빈 토플러가 말하는 '프로슈머'는 인터넷 혁명 시대에서 기업이 살아남는 새로운 '키워드'로 소비자가 소비는 물론이고 유통 과정에 직접 참여하는 '생산적 소비자'를 뜻합니다.

인터넷 시대에는 커뮤니케이션이 일방 통행으로 이루어지지 않습니다. 어디까지나 쌍방향으로 상호 소통적이기 때문에 그만큼 생산자와 소비자의 거리는 좁혀지고 있습니다.

장영 경영과학박사는 『네트워크 마케팅의 미래』에서 이렇게 말하고 있습니다.

"인터넷은 유통 업자와 소비자를 '유통 업자=소비자'의 시대로 바꿔놓고 있다. 이것을 '디슈머(Distributor + Consumer)'라고 한다. 이러한 개념이 가장 적극적으로 나타나고 있는 곳이 바로 네트워크 마케팅 분야이다."

특히 2000년 들어 네트워크 마케팅 회사들은 인터넷 쇼핑몰을 도입하였고 일상적으로 사용하는 반복 구매 제품들을 다양하게 갖추게 되면서 그 파워가 갈수록 커지고 있습니다.

소비자들이 생산자의 사업 파트너가 되어 유통 업자의 역할을 담당하게 되면서 '소비가 자산이 되는 프로슈머'가 되고 있는 것입니다. 더욱이 인터넷 쇼핑몰의 발달로 프로슈머는 스스로 자기 상품을 구입해 사용하면서 친분이 있는 사람들에게 인터넷 쇼핑몰을 알려 주고, 생산자는 질좋은 상품을 잘 만들기만 하면 되는 것입니다. 여기에 소비자는 보상 프로그램대로 캐시백 시스템을 통해 상품과 서비스에 대한 수요만큼 혹은 그것이 일어나도록 기여한 만큼 보답을 받게 됩니다. 한 마디로 말해 소비자는 자신이 잘 하는 소비 활동을 하고 생산자는 생산 활동을 하여 둘 다 돈을 버는 '윈윈전략'이 성립되는 것입니다.

소비자들의 힘이 거세지면 거세질수록 생산자들은 중간 유통 비용을 없앨 수 있고 그 비용의 일부를 소비자들에게 환원시킬 수 있어서 소비자들은 돈을 쓰면서 돈을 벌 수 있는 것입니다. 그것이 바로 소비자 주권 마케팅의 전형적인 형태로 이것은 전반적인 역사의 흐름과 경제적인 욕구의 흐름이 궤를 같이 하고 있는 현상 때문에 발생한 시스템입니다.

유통의 역사에는 돈의 흐름이 함께 하고 있습니다.

유통으로 인해 다양한 부가 창출되었고 커다란 혁명이 일어났을 뿐만 아니라 많은 사람들이 직업을 바꿔 이동하였습니다. 그 이동이 빠른 사람들은 더 많은 돈을 벌었고 늦은 사람들은 기존의 일자리를 잃거나 적은 봉급에 만족하며 자신의 시간을 다른 사람 부자 만드는 일에 쏟아야 했습니다.

유통 방식의 변화와 더불어 세상은 진화하였고 돈이 돈을 버는 세상은 지나갔습니다.

21세기는 돈 없이 돈을 벌 수 있는 세상입니다. 20세기에는 감히 꿈으로만 여겼던 시스템이 우리 눈앞에 펼쳐져 있고 그 시스템이 새로운 부를 창출하고 있는 것입니다. 시대의 흐름을 좇아 부의 시스템에 합류해야 합니다.

네트워크 마케팅이 인터넷 쇼핑몰로 확 바뀌었다

"이봐, 김 과장! 사실은 내가 언제 회사에서 나가게 될지 몰라 다른 일을 좀 알아보고 있는 중이거든. 그런데 그 네트워크 마케팅이라는 사업 말이야. 옛날하고 확 달라졌더라고······. 내가 3년 전에 들어본 바에 의하면 한 마디로 물건을 싸들고 다니면서 팔아야 하는 것처럼 들렸는데, 이제는 완전히 인터넷 쇼핑몰에서 구매자가 직접 살 수 있게 되었다는 거야. 내가 투잡(더블 잡)으로 심각하게 고려 중인데······.

정말로 네트워크 마케팅은 확 바뀌었습니다. 네트워크

마케팅 회사의 쇼핑몰에 들어가면 우리가 살아가면서 일상적으로 필요로 하는 제품들로 완벽한 제품 구성이 갖춰졌고, 그것도 TV 홈쇼핑처럼 필요한 제품을 집에서 클릭하여 쇼핑하는 인터넷 비즈니스로 변신한 것입니다. 덕분에 교수나 의사, 기업체 임직원 등 소위 잘 나가는 사람들도 이 사업에 많이 참여하고 있습니다.

소비가 수입을 창출하는 캐시백 마케팅이 일반화되어 있어 대단히 편리하게 사업을 진행할 수 있습니다. 이제 '네트워크 마케팅은 물건을 팔아야 한다'는 고정관념에서 벗어날 때입니다.

어느 날, 링컨이 대통령 관저 앞에서 잔디의 잡초를 뽑고 있을 때, 어떤 주지사가 대통령을 만나기 위해 백악관을 방문하였습니다. 당시에는 TV나 매스컴이 발달하지 않은 시절이라 링컨의 얼굴을 확실히 알고 있지 못했던 주지사는 거만한 태도로 거들먹거리며 잡초를 뽑고 있는 링컨에게 말했습니다.

"지금 대통령을 만날 수 있는가?"

그 말을 들은 링컨은 허리를 펴며 공손히 말했습니다.

"물론입니다. 잠시 기다리십시오."

링컨은 재빨리 안으로 들어가 옷을 갈아입고는 밖으로 나와 주지사를 영접하였습니다.

"아니, 당신은……!"

"어서 오시오. 내가 바로 링컨이오."

주지사는 너무도 당황하여 어찌할 바를 몰라 했습니다. 그도 그럴 것이 허름한 옷을 입고 잡초를 뽑고 있는 대통령을 관저의 수위쯤으로 생각했는데 그가 바로 대통령이었으니 얼마나 놀랐겠습니까!

고정관념과 편견에 사로잡혀 있으면 '이 사람은 반드시 이럴 것이다' 혹은 '이것은 반드시 이래야 한다'라는 사고방식에 젖어 새로운 것을 전혀 받아들이지 못합니다. 즉, 열린 마음으로 포용력을 발휘하지 못하는 것입니다.

잡초처럼 끈질기게 달라붙는 한 가지 생각에 목을 맨다면 아무리 우수하고 훌륭한 정보나 기회가 곁에 다가와도 그것이 어떤 이익을 안겨줄 것인지 알지 못합니다. 고정관념을 탈피하고, 새로운 정보를 올바르게 받아들여 제대로 사용하십시오.

어떤 사람이 이제 막 세상을 떠난 아버지의 명복을 빌기 위해 전통적인 의식을 거행하고 있었습니다. 그 때, 갑자기 그 집에서 기르고 있던 개가 어슬렁거리며 들어오자 그는 재빨리 일어나 개를 베란다 기둥에 묶어 두었습니다.

세월이 흘러 그가 세상을 떠나자 그의 아들은 아버지의 명복을 빌기 위한 의식을 치루게 되었는데, 할아버지가 돌아가셨을 때 아버지가 하던 행동을 하나하나 따르던 아들은 개가 없자 이웃집에서 개 한 마리를 빌려와 베란다의 기둥에 묶어 두었습니다.

"아버지도 할아버지의 명복을 빌다 말고 재빨리 일어나 개를 베란다 기둥에 묶어 두는 의식을 행했어. 그러니 나도 그렇게 해야겠지."

아들은 아버지가 했던 의식을 하나도 빠뜨리지 않고 완벽하게 해내고 싶었던 것입니다.

이후, 그 집안에서는 수 세기에 걸쳐 지금까지도 그 의식이 행해지고 있다고 합니다. 심지어 개를 잡아다가 베란다 기둥에 묶어 두는 것이 고인의 명복을 비는 의식에 있어서 가장 신성하고 중요한 절차가 되어 버릴 정도가 되었습니다.

정보란 받아들이기보다 '어떻게 쓰느냐'가 더 중요합니다. 절대로 잘못된 의식을 배우거나 옳지 않은 사고를 전해 듣지 마십시오. 네트워크 마케팅 회사는 결코 뿔이 달린 도깨비가 아닙니다. 그렇기 때문에 머리에 쓰면 모습이 사라지는 도깨비감투도 줄 수 없고, 바닥을 두드려 '금 나와라 뚝딱!' 하면 금이 쏟아지도록 해 주는 방망이를 제공할 수도 없습니다.

물론 미래의 장밋빛 청사진에 대해 듣고 나면 가슴이 설레고 부푼 꿈에 젖어들 것입니다. 하지만 초기 단계에서 천천히 침착하게 진행해 나가지 못하면 그것은 허망한 기대감으로 끝나게 됩니다.

네트워크 마케팅에 대해 훌륭한 청사진을 보았을 때, 그것을 돼지꿈으로 알고 로또복권을 사러 달려가지 마십시오. 그러면 채 한 달도 안 돼서 두 손에 잔뜩 실망감만 쥐게 될 것입니다. 네트워크 마케팅의 '네' 자도 잘 알지 못하는 사람들이 조급하게 목표 중심적으로 빨리 성공하려는 마음만 앞선다면 결국 남는 것은 불법적인 행동과 후회뿐입니다.

어느 마을에 자전거를 몹시 갖고 싶어 하는 아이가 있었습니다. 그런데 아무리 졸라도 부모님이 자전거를 사주지 않자, 그 아이는 스스로 자전거를 구입할 생각으로 마을을 돌며 폐휴지를 모아 내다 팔았습니다. 하지만 마을에서 완고하고 무섭기로 소문난 노인의 집에는 결코 들어가지 않았습니다.

그러던 어느 날, 우연히 그 노인의 집 앞을 지나다가 집 안에 높게 쌓아올린 신문더미를 보게 되었습니다.

'아니, 저렇게 신문이 많다니!'

다음 날까지 고민을 하던 아이는 비록 무섭기는 했지만 용기를 내어 노인을 찾아갔습니다.

"무슨 일이냐?"

"저…… 저기 쌓여 있는 신문더미를 저에게 주실 수 없나요?"

"신문더미가 필요한 이유가 무엇이냐?"

"지금 저는 자전거를 사기 위해 마을을 돌며 폐휴지를 모아 팔고 있습니다. 그래서……."

"자전거 때문이라고? 음……."

한참 동안 뭔가를 생각하는 듯하던 노인이 입을 열었습니다.

"나에게 자전거가 한 대 있는데, 요즘은 관절염 때문에 그것을 탈 수가 없구나. 좀 낡긴 했지만 그것을 너에게 주마."

"네!"

잘못 알려진 첫 인상은 이토록 사람들에게 강한 이미지를 남기고 아예 접근조차 하기 싫을 정도로, 아니 대단한 용기를 발휘해야만 접근할 수 있도록 만들어 놓습니다.

네트워크 마케팅의 기본은 최소한 소매점의 물건과 품

질이 똑같거나 보다 더 좋은 품질을 보다 저렴한 가격에 소비자가 편리하게 이용할 수 있게 하는 데 있습니다.

그런데 그것이 제대로 지켜지지 않은 경우가 많았습니다. 물론 몇몇 네트워크 마케팅 회사는 사업 규칙을 지키며 소비자의 입장을 최대한 배려했지만, 사실은 그렇지 못한 회사가 더 많았던 것입니다. 그 결과 네트워크 마케팅의 첫 인상은 완전히 구겨지고 말았고, 오늘날까지 그 피해가 미치고 있습니다.

이러한 잘못된 인상으로 인해 수많은 네트워크 마케팅 업체들은 그 피해를 복구하는 데 여념이 없으며, 일반인들이 다가가는 데 장애 요소로 작용하는 것입니다.

전화기를 처음으로 발명한 알렉산더 그레이엄 벨의 이름을 딴 '루슨트 테크놀로지 벨 연구소' 로비에는 그가 유언처럼 남긴 "늘 다니던 길을 벗어나 숲 속으로 몸을 던져라. 그러면 반드시 전에 보지 못하던 뭔가를 발견하게 될 것이다"라는 문구가 새겨져 있습니다.

사실 독일의 필립 라이스는 벨보다 십 수년 앞서 전화기를 선보였고 벨과 거의 동시에 특허를 냈던 엘리셔 그레이의 전화기는 벨의 것보다 훨씬 더 성능이 뛰어났습니다. 그런데도 왜 우리는 '전화기' 하면 벨을 떠올리는 것일까요?

그레이는 그것을 활용할 줄 몰랐습니다. 다시 말해 '늘 다니던 길에 익숙했던 것'입니다. 자동차가 아직 신기한 장난감처럼 여겨지던 시절이었으므로 생활 반경이 주변에 국한되어 있었고 원거리 통화의 필요성을 거의 느끼지 못할 무렵이었으니 당연한 일인지도 모릅니다. 심지어 당시 미국 대통령이던 레더퍼드 헤이스는 "전화기는 놀라운 발명품이지만 세상에 누가 이런 쓸모없는 물건을 사용하겠는가!"라고 말할 정도였습니다.

그러나 당시 보스턴 농아 학교에서 발성법을 지도하던 벨은 청각 장애인들이 어떻게 해서든 소리를 들을 수 있으면 좋겠다는 염원을 담아 전화 시스템을 활용할 수 있도록 만들었던 것입니다.

아무리 훌륭한 아이디어 혹은 시스템이 있더라도 그것을 제대로 활용하지 못하면 그것은 그냥 그 자리에 있을 뿐입니다. 그 시스템은 당신을 위해 조금도 기여를 할 수가 없습니다.

정보통신부는 2003년 하반기 정보화 실태 보고서에서 2002년 말 우리 나라의 인터넷 이용 인구가 전년 같은 기간에 비해 2백95만 명이 늘어난 2천9백22만 명이라고 밝혔습니다. 인터넷 이용자는 만 6세 이상으로 월 1회 이상 사용자를 기준으로 합니다. 이것은 결국 우리 나라 6세 이상 인구 10명 당 6.5명이 인터넷을 이용한다는 얘기입니다. 앞으로 인터넷 사용 인구는 더욱더 폭발적으로 늘어날 것입니다.

오세조 연세대 경영학과 교수는 네트워크 마케팅을 향후 신유통의 주력 업태로 내다보고 있습니다. 그는 "국내 소매 시장은 그동안 백화점, 슈퍼마켓, 재래 시장이라는 3분 구조로 진행되어 왔다. 그러나 앞으로는 백화점과 슈퍼마켓 시장은 축소되고 TV 홈쇼핑과 네트워크 마케팅, 전자 상거래가 새로운 업태로 크게 성장할 것이다"라고 말했습니다.

미국에는 현재 50만 명의 백만장자가 있는데 그 중에서 부동산 관계자가 18%, 주식 종사자가 10%이고 네트워크 마케터가 무려 20%인 10만 명으로 가장 많은 관심을 받고 있습니다. 특히 태평양 연안 국가와 극동, 유럽 등지에서는 네트워크 마케팅의 엄청난 성장으로 백만장자의 수는 금세기 안에 두 배가 될 것이라고 합니다.

저렴한 소비와 현명한 소비의 차이

소비에는 저렴한 소비와 현명한 소비가 있습니다. 이 말은 곧 '저렴한 소비'가 반드시 '현명한 소비'는 아니라는 것입니다. 실제로 아무리 대폭적인 할인을 받아 물건을 구입했더라도 그것은 돈을 절약하기는 했을지언정 결국 돈을 쓴 셈입니다. 그렇기 때문에 그것은 단지 저렴한 소비에 지나지 않습니다.

돈을 벌려면 자산과 부채의 차이를 이해해야만 합니다.

자산은 돈을 벌게 해 주고 부채는 돈을 쓰게 합니다. 부자는 자산을 사지만 가난한 사람은 부채를 사면서 자산을 샀다고 생각합니다. 다시 말해 많은 사람들이 할인 상품을 사면서 돈을 '절약' 했다고 생각하지만 실제로 이들이 산 것은 또 하나의 부채에 지나지 않습니다.

이제는 관점을 바꿔야 합니다. 소비자들은 이 세상을 '돈을 생산하는 곳' 이 아니라 '돈을 소비하는 곳' 으로 보고 있습니다. 그들에게 보이는 것은 돈을 쓸 대상으로서의 상품뿐입니다.

당신이 계속 소비자처럼 생각하고 할인 매장에서 물건을 사는 데 계속 주력한다면, 몇 년 후 그 물건들을 처분하기로 결심했을 때 본래 가격의 백분의 일이라도 받고 중고로 넘길 수 있다면 다행일 것입니다.

당신은 어느 주유소를 주로 이용합니까? 아마도 한두 군데를 정해놓고 늘 그 곳을 이용할 것입니다. 그 이유는 분명 적립 포인트 때문일 것입니다. 어차피 사용해야 할 기름을 넣으면서 일정한 점수가 되면 상품 혹은 다른 혜택을 받게 되는데 굳이 그러한 시스템을 마다할 이유가 없기 때문입니다.

이제 어떤 제품이나 서비스를 이용했을 때 포인트를 제공하는 시스템은 일상화되어 있습니다. 신용 카드를 비롯하여 비디오, 화장품, 제과점은 물론이고 비행기도 마일리지 제도를 통해 소비자에게 사용한 것에 따라 일정 부분을 환원해 줍니다. 이처럼 소비를 하면서 동시에 또다른 수익을 얻을 수 있는 소비가 바로 현명한 소비입니다.

이제는 생각을 바꾸십시오. 단순히 좀 더 저렴하게 사면서 돈을 절약했다고 생각하는 소비자적 관점이 아니라 돈을 쓰면서 동시에 돈을 버는 프로슈머적 관점으로 생각을 바꿔야 합니다.

프로슈머는 보통 사람이 보통 이상의 소득을 올릴 수 있는 자연스런 방법입니다. 소비자적 사고에서 프로슈머적 사고로 바뀔 때 놀라운 현상이 벌어지기 시작할 것입니다.

나는 매일 아침 운동을 마친 후, 가까운 슈퍼에서 우유를 사 마시는데 5년 동안 단골로 다닌 덕분에 230원짜리 우유를 200원에 마시고 있었습니다.

그러던 어느 날, 슈퍼의 문이 닫혀 있는 바람에 할 수 없이 근처의 다른 가게를 찾아갔습니다. 그런데 그 가게에서 이상한 일을 겪게 되었습니다. 그 가게는 우유를 170원에 팔고 있었던 것입니다. 늘 200원에 우유를 사먹던 나는 가게 주인에게 물었습니다.

"이 가게의 우유는 왜 이렇게 싸죠?"

"우리 가게는 도매상 등의 유통 단계를 거치지 않고 직접 우유 회사에서 물건을 가져옵니다. 그래서 여러 가지 유통 단계를 거친 다른 가게보다 가격이 쌉니다."

그 날 따라 배가 출출했던 나는 흰 우유 하나를 다 마시고 초코우유를 더 마셨는데 이상하게도 그것은 맛이 없었습니다.

"초코우유는 맛이 별로 없네요."

내가 농담처럼 한 마디 건네자 주인이 놀라운 말을 했습니다.

"우유가 맛이 없으세요? 그러면 돈은 지불하지 않아도 됩니다. 우리 가게는 고객 만족을 최우선으로 하고 있으며 고객이 구입하는 모든 제품에 대해 포인트를 부여하고 또한 다른 사람에게 광고를 해 주면 그로부터 발생하는 매출액까지도 포인트를 부여합니다."

예를 들어 100원당 쿠폰 1장씩을 주고 다른 사람을 소개하여 그 사람이 물건을 구입했을 경우에는 그의 실적까지도 자신의 실적에 포함시켜 준다는 것이었습니다. 그리고 쿠폰이 10장 이상이 되면 다른 물건을 구입할 수도 있다고 했습니다.

다음 날, 나는 운동을 마친 후 친구 두 명과 함께 그 가게로 갔습니다. 그리고 친구들에게 우유 하나씩을 권하고 나도 먹은 뒤 510원을 지불했습니다. 그러자 가게 주인은 친구들에게 쿠폰을 한 장씩 나눠주고 나에게는 3장을 주었습니다. 친구들은 170원을 냈으니 한 장씩이고 나는 내가 먹은 것 1장과 남은 2장(510원이니 5장이지요)을 합해 3장을 준 것입니다.

그러자 친구 한 명이 항의를 하였습니다.

"이봐요, 아저씨! 아니 이 친구랑 나랑 똑같이 우유 하나씩 마셨는데 왜 나는 한 장이고 이 친구는 석 장을 주는 거죠?"

"저 분은 어제 저희 가게에서 우유를 마셨습니다. 그런데 오늘도 우유를 구입했고 여러분까지 모시고 와서 우유를 구입했습니다. 이 분은 스스로 우유를 사 마셨을 뿐만 아니라 친구들에게 우리 가게를 알려 주어 새로운 고객을 만들어 주었습니다. 구전 광고를 해 준 저 분에게 저는 감사드릴 이유가 있죠. 그래서 그 광고 효과만큼 쿠폰을 더 드리는 겁니다."

그 다음 날, 운동을 마치고 우유를 마시러 그 가게로 향하던 나는 어제 우유를 함께 마셨던 친구 중의 한 명이 또 다른 친구 두 명을 대동하고 그 가게로 향하고 있는 모습을 볼 수 있었습니다.

- 인터넷 글 중에서

'우유이야기'에는 네트워크 마케팅의 기본 원리가 고스란히 담겨 있습니다.

자신이 평소에 쓰던 일상 제품을 값싸고 편리하게 구매하면서 그것을 주변 사람들에게 권하고 그것이 설득력을 갖는다면 그들이 쓰는 제품에 대해서까지 자신의 포인트로 적립이 되고 동시에 그것이 돈이 되는 것이 바로 네트워크 마케팅의 기본 원리이자 프로슈머의 현명한 소비입니다.

프로슈머형 비즈니스는 모든 사람들이 일상적인 제품들을 값싸게 사용하면서 동시에 포인트, 마일리지의 형태로 돈을 적립할 수 있는 시스템입니다. 유통 비용을 절감시켜 우수한 품질의 제품을 일반 소매점보다 값이 싸거나 최소한 똑같은 가격에 쓰면서 돈을 적립시킬 수 있다는 것을 충분히 이해한다면 네트워크 마케팅 회사의 제품을 안 쓰는 사람은 아마 없을 것입니다.

우리가 지금까지 생각해 왔던 자산, 즉 집, 자동차, 가전제품 등은 사실 가장 큰 부채입니다. 프로슈머의 현명한 소비에 눈을 돌리십시오. 프로슈머는 21세기 유통 혁명일 뿐만 아니라 우리 힘으로는 어쩔 수 없는 시대적 조류이며 사람들을 더욱 더 부자로 만들어 주는 엄청난 해일입니다.

21세기의 돈의 흐름은 네트워크 마케팅이 주도한다

다시 한 번 강조하지만 네트워크 마케팅은 자영 사업, 체인점 사업, 신용 카드 사업 그리고 인터넷 사업의 장점을 하나로 합친 사업 형태이며, 더불어 광고 등에 의한 감성 구매나 충동 구매가 아닌 철저하게 품질에 기반을 둔 이상적이고 합리적인 의사 결정으로 상품을 구매하도록 하는 장점을 지니고 있습니다.

가장 큰 장점으로 꼽을 수 있는 것 중의 하나가 바로 막대한 상품 유통 비용(매장 임대비, 인테리어, 중복 운송비, 인건비, 광고비, 모델비)을 상품 매출 과정에 참여한 일반 사람들에게 골고루 분배하여 그들의 가계 경제에 도움을 준다는 것입니다.

사실 광고비, 모델비, 매장 임대비 등은 극히 소수의 가진 자에게만 되돌아가 일반 소비자는 그로 인한 이익을 거의 얻을 수 없습니다. 하지만 네트워크 마케팅은 그것을 비즈니스에 참가하는 일반 소비자에게 다시 되돌려 줌으로써 다수에게 이익이 돌아가게 하는 시스템입니다.

결국 네트워크 마케팅에서 소비자는 기업의 매출 향상에 따른 이익 분배에 참여할 수 있는 셈이고 종래의 유통 방식에서처럼 단순 구매라는 수동적 차원에 머물지 않고 사업자의 입장으로 전환되어 회사의 시각과 소비자의 시각 양자를 모두 소유하게 됩니다. 그리하여 제품의 품질 개선 등에 대해 회사와 긴밀하게 커뮤니케이션함으로써 소비자의 입지 및 자질 향상, 제조 기업의 품질 개발에 대한 각성에 기여하는 측면에서 높은 평가를 받고 있습니다.

특히 네트워크 마케팅은 고객 즉, 소비자가 소비자로만 남도록 하는 것이 아니라 순수한 수입을 가져올 수 있는 '자영 사업의 기회'를 제공하기 때문에 더욱더 신뢰 있는 소비자로 그리고 커다란 성공의 기회를 가질 수 있는 마케팅입니다. 이제는 소비자가 주인이 되는 시대입니다. 따라서 많은 사람들이 이 사업에 관심을 기울이고 있으며 당신 역시 관심을 기울인다면 생각지도 못했던 커다란 비전을 볼 수 있을 것입니다.

불황일 때는 이런 일에서 기회를 잡아라

아메리카 대륙을 발견한 콜럼버스가 본국으로 돌아오자, 대대적인 환영 행사가 벌어졌습니다. 그 때, 그의 성공을 시샘하던 어떤 사람이 콜럼버스를 보고 이렇게 말했습니다.

"대서양의 서쪽으로 계속 나아가면 아메리카 대륙에 닿는 것은 당연한 이치인데 뭘 그리 대단한 일을 했다고!"

그 말을 들은 콜럼버스는 아무런 대꾸도 하지 않고 테이블 위에 놓인 계란을 가리키며 말했습니다.

"당신은 이 계란을 테이블 위에 세울 수 있소?"

그것이 뭐가 어렵겠느냐는 듯 선뜻 테이블로 다가와 계란을 열심히 세워보려 애쓰던 그는 아무리 노력해도 계란이 세워지지 않자 화를 내며 말했습니다.

"누구라도 계란을 세울 수는 없소."

그러자, 콜럼버스는 계란을 집어 들고 테이블에 탁탁쳐서 한쪽을 깨뜨렸습니다. 그리고 보란 듯이 계란을 세워놓았습니다. 그 모습을 지켜보던 시샘 많은 그 남자가 빈정거리며 말했습니다.

"그런 식으로 못 세울 사람이 어디 있소?"

"당신은 방금 세울 수 있는 사람이 없다고 하지 않았소. 당신은 늘 남이 한 일에 대해서는 쉬운 일이라고 말하지만 실제로 당신 자신이 하는 일은 아무것도 없지 않소."

빈정거리던 남자는 슬그머니 자리를 피하고 말았습니다.

생각의 문에 열쇠를 채우지 말고 보다 자유롭게 풀어놓으십시오. 콜럼버스를 시기하던 사람처럼 '계란을 세운다'는 것에만 집중한다면, 죽어도 계란을 세울 수 없을 것입니다. 그러나 '물체를 고정시킨다'는 발상의 전환이 이루어진다면 어떻게 해서든 세우면 된다는 식으로 생각이 바뀌게 됩니다.

보다 열린 마음으로 그리고 자유로운 사고로 네트워크 마케팅을 바라보아야 합니다. 이 사업은 흔히 생각하는 것처럼 사기꾼 집단도 아니고 실패의 구렁텅이로 몰아가는 시스템도 아닙니다.

사실, 지금처럼 경제가 불황으로 치닫고 경제적 위기가 닥쳤을 경우에는 더 많은 사람들이 사이드 잡을 해야 한다고 생각합니다.

네트워크 마케팅은 한국의 실정에 상당히 잘 부합한다고 볼 수 있습니다. 특히 우리 나라는 점포형 매장이 너무 많아 국민 1인당 소매 점포가 미국에 비해 약 40% 정도가 많다고 합니다. 하지만 점포형 매장은 고비용 구조로 인해 더 이상 제대로 활성화될 상황이 아니므로 저비용 구조의 판매 형태를 모색해 보아야 합니다. 그 대안이 바로 무점포 마케팅입니다.

21세기는 조직보다 개인이 성공하는 시대입니다. 하지만 우리 사회는 성공의 기회를 주는 터전이 아직도 너무 비좁습니다. 그러다 보니 너도나도 대기업에 들어가기를 원하고 또한 그래야만 작은 성공이라도 누릴 수 있다고 생각합니다.

설사 개인에게 도전의 기회가 주어지더라도 너무 많은 투자와 비용을 요구하는 사회 구조를 지니고 있습니다. 결국 개개인의 모험적이고 창조적인 능력을 발휘할 기회를 차단당하고 있는 셈입니다. 그것을 해소하고 개인적 성공 기회를 제시하는 것이 네트워크 마케팅입니다.

상사 눈치 안 보고 실적 올릴 걱정 안 하고 많은 자본 투자 없이 자기 사업을 할 수 있다는 것이 얼마나 좋은 기회입니까! 그것도 현재 하고 있는 일을 그대로 유지하면서 부업으로 할 수 있습니다. 주5일제 혹은 격주 휴무제로 더욱더 많아진 여유 시간을 마냥 노는 데 보내지 말고 일을 즐기면서 삶의 철학도 배우고 더불어 미래를 준비하는 데에 시간을 투자하십시오. 불완전 고용 상태로 하루하루를 불안하게 이어가는 것보다 좀 더 시야를 넓혀 적극적으로 자신의 일을 찾아 자기 인생을 스스로 경영하려는 자세가 필요한 시대입니다.

분석하고 연구하고 확인하라

1838년, 맬서스의 『인구론』을 뒤적이던 찰스 다윈은 '인구는 기하급수적으로 증가하지만 식량은 산술급수적으로 증가한다. 그것은 사회적 약자에게는 재앙이다'라는 글을 보고 눈이 번쩍 뜨였습니다. '종(種)은 변이한다'는 자연의 수수께끼를 풀기 위해 골몰하던 다윈이 해답의 실마리를 찾았기 때문입니다. 인구와 식량의 불균형이 '자연 도태'와 '적자 생존'을 작동시키는 자연의 메커니즘이라고 맬서스가 주장했던 것입니다.

하지만 다윈은 '19세기의 가장 혁명적인 발견'이라고 할 수 있는 자신의 이론을 20년 동안이나 재검토를 하면서 분석하고 또 분석했습니다. 그런 다음 1859년에 드디어 『종의 기원』이 출간되었고 초판 1,250부는 첫날 모두 팔려나갔습니다.

조금이라도, 정말로 일말이라도 의심되는 부분이 있거나 마음에 꺼려지는 것이 있다면 다윈처럼 분석에 분석을 거듭해 보십시오. 직접 나서서 확인하고 또 확인해 보십시오.

세상에 공짜가 어디 있습니까? 투기바람을 일으키며 한꺼번에 왕창 돈을 긁어모으는 부동산 투기자들도 가만히 앉아서 돈을 번 것은 아닙니다. 어떻게 투기를 할지 밤새 워 고민하고 눈치보고 줄을 서고 이리 뛰고 저리 뛰면서 각고의 노력 끝에 벌어들인 것입니다.

하물며 자신의 인생이 바뀔 수 있고 추가적인 수입을 창출할 수 있는 일인데 최소한의 노력은 기울여야 하는 것 아닙니까?

시장의 한계가 없다

지금은 시장의 한계가 존재하지 않습니다. 사람이 있는 곳이면 어디든 시장이 형성될 수 있고 그것도 시간과 공간을 초월하여 물건과 서비스가 오고 갑니다. 교통의 발달과 인터넷의 대중화는 유통 과정을 간소화 시켰고, '세일즈', 즉 판매를 하는 데 있어 더없이 좋은 조건을 제공하고 있습니다. 이는 그만큼 자기 사업의 기회가 많아졌음을 뜻하기도 합니다.

뉴턴은 나무에서 떨어지는 사과를 보고 만유인력의 법

칙을 발견했습니다. 갈릴레이는 교황청으로부터 이단이라는 말을 들으면서까지 '지구는 돈다'는 지동설을 굳게 믿고 주장했습니다. 이들은 모두 겉으로 드러난 현상만 보지 않고 그 속에 들어 있는 본질을 꿰뚫어 본 것입니다.

세계화라는 바람 앞에서 그냥 머리카락만 날리고 있을 것이 아니라 그 본질을 꿰뚫는 혜안을 기르고 자기 사업의 기회를 찾고 꼭 붙들어야 합니다.

해마다 사람들의 씀씀이가 늘고 있다

해를 거듭할수록 전 세계의 GDP(국내총생산)는 높아지고 있으며 GDP가 높아지면 높아질수록 소비는 증가하기 마련입니다. 그것은 곧 사람들이 프로슈머가 될 가능성이 높음을 의미합니다.

먹고사는 것이 풍요로워지면 소비는 늘어나게 마련이고 이왕 소비를 할 거면 자신에게 유리한 쪽을 선택하는 것이 인지상정입니다. 자녀들의 학원비나 과외비는 수백만 원,

수천만 원도 아까워하지 않고 쏟아 붓는 강남의 학부모들도 시장에 가서는 물건 값을 단돈 1,000원이라도 깎으려 애를 쓴다는 사실을 알고 있습니까! 그것은 다른 소비자들도 마찬가지입니다. 즉, 자신이 쓸 데라고 생각하면 아낌없이 쓰지만 그렇지 않다고 생각하면 끝까지 물건 값을 깎으려 합니다.

그렇기 때문에 프로슈머형 사업은 전망이 밝습니다.

좋은 물건 싸게 구입하고 동시에 돈까지 벌 수 있는데 어느 현명한 소비자가 그런 길을 선택하지 않겠습니까!

TIP

인생의 90%는 당신의 선택에 달려 있다

재래식 유통 구조는 생산자에서 소비자에게로 물건이 유통되면서 생산 원가의 4~5배에 달하는 광고비와 유통 마진이 덧붙게 돼 소비자는 제품을 구입하면서 그 부담을 고스란히 떠안게 되는 형태였습니다.

하지만 네트워크 마케팅에서는 다이렉트 셀링(직접 판매)을 통해 이런 유통 마진을 소비자에게 일정한 보너스의 형태로 환원하고 있습니다. 과거의 광고, 홍보 역할을 물건을 구매하는 소비자가 대신하는 형태인 것입니다. 비교적 싼값으로 우수한 제품을 구입하는 절약의 효과와 무한 연속 소개로 반복 매출이 계속 형성되고, 그에 따른 엄청난 보너스를 캐시백 해 주는 사업으로 무한한 시장성을 가지는 것입니다.

불확실한 미래, 고용 불안정의 시대에 본업 이외에 다른 부가적인 수입을 찾는다면, 네트워크 마케팅 사업처럼 더 적절한 것은 없을 것입니다. 이는 많은 자본을 가지고 있지 못하는 평범한 일반인들이 손쉽게 자영 사업을 시작할 수 있는 기회를 주기 때문입니다.

아직 네트워크 마케팅에 대해 부정적인 시각을 가지고 있는 사람들도 있습니다. 사실 과거 네트워크 마케팅 회사에서 정도를 걷지 않아 많은 물의를 일으키기도 했습니다만 그것은 잘못된 생각입니다.

좋은 제도를 자신들의 욕심과 사욕을 채우기 위해 잘못 사용한 사람의 마음이 나쁜 것이지, 제도 그 자체는 생산자, 소비자 모두에게 윈윈이 되는 혁명적인 유통 방식이었음에 그러한 부정적 시각과 편견은 더욱 안타까울 뿐입니다.

다행히 많은 네트워크 마케팅 업체의 노력과 이 사업을 전개하는 많은 분들의 노력으로 그러한 편견은 많이 사라지고 있습니다.

제 3 장 진정한 실속파는 21세기의 새로운 사업 코드에 접속한다

돌멩이는 평지에서는 장애물이지만
시냇물에 놓으면 징검다리가 된다

1903년, 미국 노스캐롤라이나의 '킬데블' 언덕에서 마침내 라이트 형제의 '플라이어 1호'가 중력의 사슬을 끊고 힘차게 하늘로 날아올랐습니다. 그러나 이 역사적 광경에 함께 한 사람은 두 형제와 인명 구조대원 5명뿐이었습니다. 고등 학교도 졸업하지 못한 시골의 이 자전거점 주인을 주목하는 이는 거의 없었던 것입니다.

라이트 형제는 신문사에 비행 성공을 알리는 전보를 띄웠지만 편집자는 이를 구겨서 내던져 버렸습니다.

"인간은 날 수도 없고 설령 그런 묘기를 보인다고 해도 생활에 하등 도움이 되지 않는다."

그 당시 동력 비행기는 황당한 발상으로 여겨졌습니다. 하지만 제1차 세계대전을 맞아 비행기는 '전쟁의 꽃'으로 피어났고 이 때 무려 20만 대의 비행기가 제작되었다고 합니다. 이후에도 비행기는 미국과 유럽에 퍼져 새로운 운송 수단으로 거듭났고, 지금은 비행기가 없는 세상을 생각할 수도 없는 지경이 되었습니다.

'이 길이 내 길이다' 라는 생각이 든다면 그 길을 깊이 그리고 넓게 파십시오. 미래는 아무도 알 수 없습니다. 현재의 혹평, 비난, 비판이 무슨 의미가 있겠습니까? '인생은 한 방' 이라는 말은 로또복권에서 쓰는 말이 아니라 정말로 자기 길을 찾아 그 길에서 성공했을 때 그 동안의 온갖 비난과 비판이 한 방에 날아갈 때 쓰는 말입니다.

그렇지만 당신이 정말로 '이 사업이 내 길이다' 라는 생각으로 이 사업에 뛰어들었더라도 너무 만만하게 보지는 마십시오. 성공은 그리 쉬운 것이 아닙니다.

수많은 사람들이 사업에서 실패하는 첫 번째 이유는 너무 얕보기 때문입니다. 이 사업은 누구나 '무조건 되는 사업' 이 아닙니다.

어떤 사업이든 처음 사업을 시작할 때는 미래의 비전에 대해 장밋빛으로, 그리고 '잘 하면 되겠다' 는 생각을 갖게 됩니다.

세상에 잘 하면 안 되는 일이야 없겠지만 중요한 것은

'잘 하기가 힘들다' 는 점입니다.

절대로 달콤한 말에 현혹되어서는 안 됩니다. 모든 사업은 어디까지나 열심히 하는 사람에게만 열매가 돌아간다는 것을 알아야 합니다.

현실적으로 볼 때, 사업을 하다가 실패를 한 뒤 재기하는 것은 그야말로 뼈를 깎는 아픔을 동반합니다. 하지만 네트워크 마케팅 사업에서는 결코 그러한 위험 부담이 없습니다. 애초에 투자 자금이 적고 자신의 노력과 시간 그리고 열정을 투자하는 사업이기 때문입니다.

100가지를 아는 것보다 1번의 실천이 더 중요하다

영국의 어느 왕이 시민들의 공익심이 얼마나 강한지 알아보려고 한밤중에 길 가운데에 커다란 돌을 갖다 놓았습니다.

날이 밝자 거리에는 관리, 학생, 직장인 등 수많은 사람들이 지나갔지만 누구 한 사람 그 돌을 치우려는 사람은 없었습니다. 오히려 돌을 갖다 놓은 사람을 욕하며 그냥 지나쳤습니다.

한참이 지난 후에 어느 어린 아이가 그 곳을 지나다가 돌을 보고는 이렇게 중얼거렸습니다.

"누가 이 돌을 여기에 갖다 놓았지? 이대로 두면 사람들이 다니기가 불편하겠구나."

아이는 돌을 한쪽으로 치워놓기 위해 옆으로 밀었는데, 그 밑에는 '이 돌을 치운 사람에게 주는 품삯'이라고 쓰인 돈 주머니가 있었습니다. 왕은 사람을 보내 그 아이를 데려오라고 명령했고 이윽고 아이가 오자 이렇게 말했습니다.

"우리 나라에 너와 같은 아이가 있어서 대단히 기쁘구나."

돌이 발에 걸리면 분명 불편하고 짜증스럽습니다. 생각이 그렇다면 그 돌을 치우면 간단할 텐데 사람들은 보통 생각 따로 행동 따로 입니다.

그것은 성공도 마찬가지입니다.

나름대로 성공하는 방법을 잘 관찰했거나 방법을 알았다면 그것을 냉큼 실천하면 좋을 텐데 이리 재고 저리 재느라 도무지 실천할 생각을 안 합니다. 분명한 사실은 세상에 실천 없이 이루어지는 것은 아무것도 없다는 점입니다.

'성실'과 '실천'은 부자들의 성공 습관입니다. 물론 시중에는 성공에 대한 여러 가지 훌륭한 책들이 많이 나와 있고 또한 성공자들의 강연도 많으므로 대다수의 사람들은 '성공은 이렇게 하면 되는구나' 라는 정도는 알고 있을 것입니다.

하지만 아는 것이 중요한 것이 아니라 실천하는 것이 중요합니다.

영국의 명재상 디즈레일리는 이렇게 말했습니다.

"사람이 지혜가 부족하여 일에 실패하는 일은 적다. 사람에게 늘 부족한 것은 성실이다. 성실하면 지혜도 생기지만, 성실치 못하면 있는 지혜도 흐려지는 법이다."

휴먼 네트워킹이 되어야 한다

네트워크 마케팅에서는 사람들과의 관계를 어떻게 형성하느냐가 성공을 좌우합니다. 그러므로 일상 생활 속에서 만나는 각계각층의 사람들과의 관계를 지속적이면서도 우호적으로 유지 및 발전시켜 나가는 것이 무엇보다 중요합니다.

많은 사람을 아는 것과 자기 사람으로 만드는 것은 별개의 문제입니다.

휴먼 네트워킹은 자기를 좋아하는 사람, 자기에게 힘이 되어 줄 수 있는 사람, 상호 의존적이면서 상호 발전적으로 도움이 될 수 있는 사람을 자기 주변에 끊임없이 만드는 것을 말합니다. 그것을 잘 하면 굉장히 빠른 속도로 발전할 수 있습니다.

휴먼 네트워킹의 기초는 우선 주변의 많은 사람들을 만나는 것입니다. 만나는 것을 즐거워하고 상대방이 자신에 대해 좋은 감정을 가질 수 있도록 에티켓, 매너, 대화 채널이 끊어지지 않게 해야 합니다.

특히 NQ(네트워크 지수)가 높은 사람일수록 성공할 확률이 높습니다. NQ는 복잡해진 현대 사회에서 자신을 낮추고 타인을 배려하는 마음이 자신의 발전을 가져온다는 새로운 패러다임입니다. NQ는 '나만 잘 하면 성공한다'는 식이 아니라 '너와 나 우리 모두가 잘 되는 것이 진정 성공하는 것이다'라는 21세기 네트워크 시대의 정신이 기저에 깔려 있습니다.

순전히 개인의 능력만이 강조되는 IQ(지능 지수)와 EQ(감성 지수)의 시대는 끝나가고 있다고 말하기까지 합니다. 앞으로는 학력, 혈연의 인맥보다는 새로운 형태의 인관 관계 네트워크가 형성될 것입니다. 네트워크 마케팅 속에서 인간 관계의 폭을 넓히십시오.

NQ를 높이십시오.

꾸준히 해야 된다

헨리 포드가 자신을 유명하게 만들어 준 V-8 자동차를 생산하기로 결정했을 무렵, 그는 8개의 실린더를 하나의 동체에 합한 엔진을 제작하기로 마음먹고 기술자들에게 엔진의 설계도를 준비하라고 지시하였습니다.

그리하여 설계 도면이 그려지게 되었는데, 기술자들은 한결같이 8개의 실린더를 하나의 동체로 제작하는 것은 불가능하다고 입을 모았습니다.

"어떻게 하든 만들어 내시오."

"불가능합니다!"

"시간이 얼마나 걸리더라도 성공할 때까지 이 일에만 전념하시오."

어쩔 수 없이 기술자들은 그 일에 매달려 6개월을 보냈지만 아무런 기적도 일어나지 않았습니다. 또다시 6개월 동안 포드의 주문을 실현시켜 보려고 애를 썼지만 결과는 똑같았습니다.

그 해가 지나갈 무렵, 포드는 기술자들을 불러 그 동안의 상황을 물어 보았습니다.

"도저히 가망이 없습니다."

"나는 그것이 꼭 필요하오. 무슨 일이 있어도 만들어 내야만 하오. 다시 시도하시오."

 포드의 강한 의지를 도저히 꺾을 수 없음을 알게 된 기술자들은 다시 그 일에 매진하였습니다. 그런데 어느 순간 마치 마법이라도 일어나듯 비결이 떠오르기 시작했고 포드는 자신이 그토록 원하던 엔진을 손에 넣을 수 있었습니다.

 네트워크 마케팅은 말만 잘 하면 성공할 수 있는 사업이 아닙니다. 어디까지나 사업이므로 치밀하고도 구체적인 실천 계획과 더불어 그것을 꾸준히 실천해야만 합니다.
 요령만 터득하려는 사람에게는 기회가 잘 오지 않는 법입니다. 어디까지나 열정적으로 인생을 개척하려는 사람에게만 원하는 것이 찾아오게 됩니다. 모든 것이 자신의 뜻대로 될 것임을 확신하며 적극적으로 생각하십시오. 그리고 그 생각을 꾸준히 인내심을 발휘하여 밀고 나가십시오. 어제 결심한 것이 오늘 해이해지기 쉽고 내일은 완전히 느슨해질 수 있습니다. 그러므로 나날이 결심을 다져나가며 수시로 새로운 결심을 시작할 수 있는 계기를 만들어야 합니다.

　세상에는 실패로 넘어지는 사람보다 자신이 먼저 행복을 버리는 사람들이 더 많습니다. 길은 두 가지뿐입니다. 넘어져서 일어서지 못하거나 아니면 다시 일어서는 것입니다. 그리고 바로 그 순간에 인생이 결정됩니다.

　주변의 시선을 개의치 않고 꿋꿋하게 밀고 나가는 인내심과 거북처럼 부지런히 앞으로 정진하는 자세만 있으면 이 사업은 누구나 성공합니다.

　퀴리 부인은 라듐이 존재한다는 사실을 확신한 후, 남편 피에레와 4년 동안의 길고 고통스러운 세월을 실험실에서 연구에 몰두했습니다. 라듐을 분리시키고자 하는 일념 하나로 무서울 정도의 인내심을 발휘했던 것입니다.

　하지만 48번째의 실험이 실패로 돌아간 후, 그녀의 남편은 절망에 빠져 말했습니다.

　"아마도 100년 안에는 이 일이 이루어지겠지만 우리가 살아 있는 동안에는 힘들 거야."

　그러자 남편보다 더 강인했던 퀴리 부인이 말했습니다.

"이 일에 100년이라는 기간이 걸리도록 내버려 둘 수는 없어요. 생명이 붙어 있는 한 나는 이 일에 전념할 거예요."

드디어 어느 날 밤, 아이들이 잠들자 그녀는 남편과 함께 라듐의 색이 무척 아름다운 빛이었으면 좋겠다는 말을 나누며 살며시 실험실의 문을 열었습니다. 그 때, 그들은 이루다 표현할 길이 없을 정도로 아름다운 빛을 보게 되었습니다. 그것은 그들이 피나는 노력 끝에 얻게 된 라듐의 푸르스름한 빛이었습니다.

1,093개의 특허와 2,000여 개의 발명품을 발명했으며 제너럴 일렉트릭사를 창업한 에디슨은 무려 3,400권의 기록 노트를 남겼고 한 번 책에 빠져들면 책이 1미터 혹은 1.5미터나 쌓이도록 몰두했다고 합니다. 물론 캐나다의 심리학자인 스탠리 코렌처럼 "전에는 사람들이 하루 평균 9시간을 잤는데 에디슨이 전구를 발명하는 바람에 수면 시간이 7시간 30분으로 줄어들었다"고 불평하는 사람도 있지만, 에디슨이 인류를 위해 엄청난 기여를 한 것만은 분명한 사실입니다.

물론 퀴리 부인이나 에디슨에 버금갈 정도로 노력을 한다면 더할 나위 없겠지만 최소한 스스로 느끼고 가슴에 와 닿을 때까지 책도 많이 읽고 테이프도 많이 듣고 좋은 세미나도 많이 소화하면서 끝없이 공부를 해야 합니다. 네트워크 마케팅은 소위 학습 효과가 상당히 높은 산업으로 네트워커에게는 꾸준히 공부하려는 자세가 필요합니다.

굳게 결심을 다지고 부단히 앞으로 나아가십시오. 인생의 무한한 가능성은 자신의 역량에 알맞게 진지한 자세로 한 단계 한 단계 살아나감으로써 펼쳐집니다.

늘 다음의 세 가지 질문을 마음 속에 깊이 새겨 두십시오.

"나는 진정 내가 원하는 삶을 살고 있는가?"

"내가 진정으로 원하는 것은 무엇인가?"

"내가 원하는 것을 갖기 위해 무엇을 알아야 하는가?"

물론 이 질문에 대해 대답을 하는 사람도 당신이고 그 대답에 따라 행동을 해야 할 사람도 바로 당신입니다. 우리가 많이 듣는 얘기 중에 이런 말이 있습니다.

"여러분! 여러분은 4년 전에 비해 부유해졌습니까?"

이것은 80년 대선 토론회에서 미국의 레이건 후보가 처음으로 사용한 이후 지금까지 많은 야당 후보들이 애용하는 표현입니다. 부유해지고 싶다면 길을 제대로 선택하여 끈기 있게 앞으로 나아가십시오.

자본이 없어도 충분히 가능한 사업이다

사실, 자본주의 사회에서 돈이 없는 사람이 돈을 버는 것은 그리 쉬운 일이 아닙니다. 아니, 돈을 벌기는커녕 당장 하루하루를 살아가는 데 급급해야 할 판입니다. 그러한 상황에서 자본 없이 자기 사업을 하여 돈을 벌 수 있다는 것은 상당한 매력이 아닐 수 없습니다.

또한 학력이나 특별한 사업 경험, 사무실이나 종업원 등을 필요로 하지도 않습니다.

단지 최선을 다하려는 노력이 필요한 것입니다.

돈 없이 사업을 할 수 있는 기회를 잡으십시오.

자기 인생을 누가 대신 살아 주는 것도 아니고 어차피 생명이 붙어 있는 한 안 먹고 살 수는 없는데, 뭔가 대책을 세워야 할 것이 아닙니까!

돈 없이 살 수 없는 자본주의 사회에서 최소한의 투자 자금으로 자기 사업을 할 수 있는 네트워크 마케팅은 더할 나위없이 소중한 기회입니다.

상상을 초월하는 인터넷의 파워

인터넷 혁명 시대는 네트워크 마케팅에 분명 플러스 요인이 됩니다.

세계화가 점점 더 빠른 속도로 진행될수록 소비자는 안방에서 모든 물건을 서핑하며 편리하게 구입할 수 있을 것입니다. 이처럼 인터넷 혁명은 엄청난 파워를 지니고 사람들에게 기회로 다가오고 있습니다.

이것은 모두 네트워크 마케팅에 유리한 개념들입니다.

특히 옛날에는 정보가 위에서 아래로 내려오는 수직적 구조였지만, 지금은 인터넷을 통한 동시 접속이 되므로 거의 비슷한 시간에 정보를 알게 됩니다. 정보가 투명하게 개방되고 있는 시대인 것입니다.

아주 오래 전에 로스차일드가의 네이던이 어떻게 정보를 활용하여 돈을 벌었는지 아십니까! 지금 생각하면 우스운 얘기 같지만, 지금처럼 정보가 공개되고 공유되는 시절에도 정보에 눈이 어두워 돈을 벌지 못하는 사람들이 상당히 많습니다.

1815년 6월 20일, 런던 주식거래소에는 아침부터 바짝 긴장된 분위기가 감돌았습니다. 그 곳에는 로스차일드 가문의 셋째 아들인 네이던 로스차일드가 주식을 매매할 때마다 기대서는 기둥이 있었는데 사람들은 그 기둥을 '로스차일드의 기둥' 이라고 불렀습니다.

그런데 바로 그 날, 사람들의 시선이 일제히 그 기둥에 쏠려 있었던 것입니다.

6월 19일에는 대영제국과 프랑스 사이에 양국의 운명이 걸린 워털루 전투가 벌어지고 있었고 별다른 통신 수단이 없었던 그 시절에는 누가 빨리 정보를 알아 내느냐에 따라 엄청난 부를 거머쥘 수 있었습니다. 그렇기 때문에 사람들은 일제히 '로스차일드의 기둥'을 바라보며 네이던의 행동을 예의주시하고 있었던 것입니다.

영국이 그 전쟁에서 이기면 영국의 공채는 폭등하겠지만 만약 나폴레옹이 이기면 영국의 공채는 폭락할 상황이었기 때문입니다. 그리하여 거래소에서는 모두들 숨을 죽이고 전쟁의 결과를 기다리고 있었습니다. 남들보다 한 발 먼저 결과를 알면 한몫을 단단히 거머쥘 수 있는 순간이었기 때문입니다.

그 당시에는 무선이나 철도도 없었고 증기선의 일부만 사용되고 있을 뿐이었습니다. 벨기에의 수도 브뤼셀 남쪽에 있는 워털루에서 벌어진 전투의 결과를 가장 빨리 알리는 방법은 말을 이용해서 파발 편을 보내는 수밖에 없었습니다. 그런데 그 이전의 전투에서 영국은 크게 패했고 이번에도 형세는 영국에게 극히 불리한 상태였습니다.

드디어 네이던이 서서히 영국의 공채를 팔기 시작했습니다.

'네이던이 팔았다!'는 소문은 삽시간에 거래소를 휘감

앉고 사람들은 너나 할 것 없이 주식을 팔아치우기 시작했습니다. 작은 키의 네이던은 무표정한 얼굴로 계속 손가락을 까딱거렸고 그가 사인을 할 때마다 시세는 계속 곤두박질쳤습니다.

그런데 주식 값이 바닥으로 내려가고 난 다음, 이번에는 갑자기 네이던의 손가락이 대량으로 사들인다는 사인으로 돌아서고 말았습니다. 한순간 거래소에는 침묵이 흘렀습니다.

사람들은 멈칫거리며 다시 네이던을 따라 하기 시작했습니다. 네이던이 물불을 안 가리고 사들였기 때문입니다. 그리고 사람들이 그 사태를 알아차릴 때쯤 해서 정부의 소식통으로부터 영국이 승리했다는 승전보가 날아들었습니다.

공채는 순식간에 하늘 높은 줄 모르고 솟아올랐고 네이던은 로스차일드 기둥에 기대서 태연하게 그 상황을 구경하고 있었습니다. 마치 젖은 손으로 좁쌀을 움켜쥐듯 엄청난 돈이 시간이 흐를수록 그의 수중으로 들어왔습니다. 물론 그것은 도박이 아니었습니다. 로스차일드 가문은 이미 전 유럽에 정부보다 앞서는 정보망을 구축해 두었던 것입니다.

6월 19일 밤, 네이던의 정보 기관에 있는 한 사람이 영국군의 승리를 전하는 네덜란드 신문의 속보판을 입수하였습니다. 그는 네덜란드 항구에서 특별 쾌속선을 타고 도버해협을 건너 영국 포크스돈 항구에 도착하였고 기다리고 있던 네이던에게 신문을 건넸던 것입니다.

영국군의 승리를 전하는 톱기사를 몇 줄 읽은 네이던은 즉시 런던을 향해 마차를 전속력으로 몰았습니다. 그렇게 하여 네이던은 영국 정부보다 몇 시간 앞서 영국군의 승리를 알게 된 것입니다.

네이던은 곧장 증권거래소로 갔지만 결코 서두는 법 없이 침착하게 주식을 팔아치웠습니다. 보통 사람 같으면 즉시 주식을 사들였을 것입니다. 하지만 아무도 영국군의 승리를 모른다는 사실을 알고 있던 네이던은 함정을 깊이 파놓고 영국군의 승리 소식이 들릴 즈음에 폭락한 주식을 한꺼번에 긁어모았던 것입니다.

정보 공유의 차원에서 볼 때, 네트워크 마케팅은 시대의 흐름에 딱 맞아떨어집니다.

조직 구조 자체가 상하 관계가 아니라 네트워크 상호간에 협조하고 존경하고 화합하고 시너지 효과를 높여가는 사회 구조에 알맞기 때문입니다.

인생은 항해와 같습니다.

그러므로 어떤 항로를 선택하느냐에 따라 그 과정과 결과에 있어서 커다란 차이를 보이게 됩니다. 비슷한 항로 같지만 자세히 들여다보면 분명 차이가 존재합니다. 그 차이를 발견하는 순간, 삶에 대한 자신감도 생기는 법입니다.

노후 대비는 물론이고 유산으로 물려줘라!

본래 직업은 자신이 사업을 하여 돈을 벌 수 있는 것이 가장 이상적입니다. 물론 물려받은 유산이 많아서 돈을 굴리거나 혹은 임대 수입을 받아먹으며 살 수 있으면 좋으련만 그렇게 팔자 좋은 처지로 태어나는 사람은 많지 않습니다.

그러니 어쩔 수 없이 스스로 열심히 노력하여 먹고살아야 하는데 이왕 일을 하려면 남 밑에서 하는 것보다는 자기 사업을 하는 것이 좋습니다.

시대적 변화가 직장 생활에 대한 개념을 바꿔놓고 있습니다. 직장 생활은 어디까지나 계약 관계에서 돈을 받고 일하는 것일 뿐입니다. 당신 자신을 프로로 여기고 최대한으로 능력을 키워야 합니다. 그리하여 어느 정도 능력을 쌓은 후에는 자신이 스스로를 고용해야 합니다.

의존하려는 마음을 버리십시오.

누군가에게 의존한다면 그것은 진정으로 자유롭지 못하다는 것을 의미합니다.

앞으로 고령화 시대에는 거의 80세 가까이 살게 되지만 70세까지라도 일할 수 있는 직업은 거의 없습니다. 그런 의미에서 네트워크 마케팅은 아주 유리한 고지를 점하고 있습니다.

당신은 유산이라는 것에 대해 어떻게 생각합니까? 물론

유산 상속에 대해 부정적으로 생각하는 사람도 있겠지만, '소도 비빌 언덕이 있어야 한다'고 어느 정도 유산은 물려주어야 합니다. 비록 전세일망정 부모가 집을 얻어 준 사람과 자신의 힘으로 셋방으로 시작하는 사람은 출발부터가 다릅니다. 특히 오늘날과 같이 치열한 경쟁 사회에서 자수성가를 한다는 것이 얼마나 어려운 일입니까!

자식들에게는 적당한 유산을 물려주는 것이 좋습니다. 너무 지나친 것은 좋지 않지만 어느 정도 유산은 필요합니다. 물론 가장 바람직한 것은 관리할 능력까지 길러 주는 것입니다.

그런데 재미있는 사실은 당신이 구축해 놓은 네트워크 사업권을 당신의 자식에게 물려줄 수 있다는 점입니다. 즉, 당신이 현재 네트워크 사업에서 매달 500만 원을 벌고 있다면 당신의 자녀도 사업권을 물려받아 최소한 그 정도 아니면 좀 더 노력하여 그보다 더 많이 받을 수 있는 것입니다.

현실적으로 부모가 자식에게 유산을 넘겨줄 때에는 증여세를 거의 30%에서 40% 가까이 내야 합니다. 하지만 제대로 구축된 네트워크 마케팅을 그대로 넘겨줄 때에는 중여세를 내지 않아도 됩니다. 로열티 개념의 돈은 굉장한 이점이 될 수 있으며 말 그대로 무형 자산인 것입니다.

베스트셀러를 쓴 작가가 책이 팔려 나가는 만큼, 가수가 CD를 판매한 만큼 받는 인세처럼 돈을 벌 수 있는 네트워크 사업권을 물려줄 수 있다는 것은 얼마나 기막힌 아이디어입니까!

미래는 밝다

인간은 하루에 약 9만 가지의 생각을 한다고 하는데 그 중의 대부분이 부정적인 것이라고 합니다.

심리학자들의 연구 결과에 따르면 인간의 98%가 소극적으로 기울어지는 마음을 지니고 있다고 합니다. 그러므로 매일 소극적, 부정적인 정보를 내쫓고 적극적, 긍정적 정보가 입력되도록 노력해야 합니다.

1983년, 당시 삼성전자가 반도체 사업을 시작할 무렵만 해도 정부는 대규모 투자가 잘못되면 국가 경제 전체가 위기에 빠진다며 반대했습니다. 그리고 1987년 세계적 과잉 투자로 반도체 가격이 폭락했을 때는 삼성이 반도체 때문에 망한다는 소문까지 퍼졌습니다. 그러나 이병철 회장은 업계의 상황이 호전될 것임을 전망하며 추가 생산라인 건설을 지시했고 그의 예측은 적중하였습니다.

긍정적인 사람은 사업에서 성공할 확률이 높습니다. 긍정적으로 살아가려는 노력 그 자체가 대단한 효과를 발휘하는 것입니다. 이미 긍정적인 사람으로 성격화 되어 있다면 더 없이 좋고 아니면 긍정화 될 여지가 있어야 합니다. 성공한 사람들은 타인의 부정적 시각을 뿌리칠 수 있을 정도로 자신의 의지가 굳건합니다.

미래를 늘 넓게 생각하면서 설사 지금 고생을 하더라도 미래에 대해 분명한 비전을 갖고 있으면 성공은 이미 눈앞에 다가와 있는 경우가 많습니다. 미래의 방향을 정해 놓고 나의 비전을 달성하겠다는 자세가 필요한 것입니다.

회사 설립 당시, 헨리 포드는 자금 조달 문제로 상당히 애를 먹었습니다. 하지만 그는 언제나 최대한의 돈을 끌어 모아 많은 현금을 책상 위에 쌓아두고 투자자나 채권자가 몰려올 때마다 그것을 보여 주었습니다. 그리고 언제나 당당하고 자신감 넘치는 자세로 자신은 반드시 성공한다는 신념을 보여 주었습니다. 실제로 그에게는 5년 아니 10년 후에는 반드시 성공하겠다는 신념이 불타오르고 있었던 것입니다.

록펠러 역시 이러한 방법을 사용하였습니다.

그는 채권자가 찾아와 원금을 갚아 달라고 말하면 즉시 수표장을 꺼내들고 '현금으로 드릴까요? 아니면 스탠더드 석유 회사의 주식으로 드릴까요?'라고 물었다고 합니다. 그의 태도가 너무도 확신에 가득 차 있고 자신감이 넘쳐흘렀기에 대부분의 사람들은 현금 대신 주식으로 받아갔고 훗날 그에 걸맞는 대가를 얻게 되었습니다.

비전이 없는 사람은 방향을 잃고 헤매는 뗏목과 같습니다. 정처 없이 그저 바람 따라 움직이는 뗏목의 미래는 뻔

합니다. 그러나 비전이 명확한 사람은 가야 할 곳을 정확히 알고 있는 모터보트와 같습니다. 그렇기 때문에 모터를 힘차게 돌려 정확히 목적한 바를 향해 나아갑니다.

네트워크 마케팅에는 성공의 나침반이 되어 주는 성공자가 무수히 많습니다. 특히 손만 뻗으면 얼마든지 그들의 적극적인 지원을 받을 수 있어 훨씬 더 유리한 입장에서 사업을 전개할 수 있습니다.

진실이 성공의 관건이다

프랑스의 한 은행에서 직원을 공개 채용한다는 광고가 나간 후 수많은 사람들이 면접에 응했습니다.

이윽고 한 소녀의 차례가 다가오자 은행장은 서류를 쭉 검토해 본 다음 이것저것 물어 보았습니다. 하지만 그녀는 학력에 있어서 자격 미달인 데다가 몇 가지 회사에 부적합한 점이 있다는 이유에서 채용될 수 없다는 말을 듣게 되었습니다.

소녀는 실망스럽다는 듯한 표정을 짓고 나오다 바닥에 핀이 떨어져 있는 것을 발견하고는 그것을 주워 옷에 문질러 닦은 다음 탁자 위에 올려놓고 걸어 나왔습니다.
　그 모습을 지켜 본 은행장은 막 문 밖으로 나가려는 소녀를 불러 말했습니다.
　"우리 회사에서 일해 주시겠습니까? 그 작은 핀을 아끼는 마음으로 말입니다."

　진실과 성실을 이겨 낼 것은 없습니다. 아무리 가진 것이 없고 학력이 낮고 배경이 없고 노하우가 없더라도 진실하고 성실한 사람은 반드시 자신이 걸어가고자 하는 길에서 기회를 얻게 마련입니다.
　당장 눈앞의 이익에 눈이 멀어 불법적인 행위를 한다거나 얕은꾀를 부리는 것은 피해야 합니다. 좀 더 장기적인 안목으로 세상을 바라보십시오.

　'컨텐더' 라는 영화에 보면 원칙과 소신을 지키는 한 여성 상원의원의 꿋꿋함이 잘 드러나 있습니다.

그녀는 부통령 후보로 지목이 되었는데 대학 시절에 난잡한 파티를 열었다는 스캔들에 휘말리고 말았습니다. 여론은 그녀에게 불리하게만 돌아갔고 그녀는 점점 궁지에 몰렸지만 그 일에 대해 어떠한 변명도 핑계도 대지 않았습니다. 물론 그것은 나중에 사실이 아님이 밝혀졌고 대통령은 왜 그녀가 노코멘트로 일관했는지 궁금하여 물어 보았습니다.

"왜 진작 사실이 아니라고 말하지 않았소."

"부통령에게 중요한 것은 사생활이 아니라 능력이라는 것이 제 소신이자 원칙입니다. 스캔들이 사실과 다르다고 말하는 순간 부통령 자격과 사생활이 관련이 있다는 것을 인정하는 셈이 됩니다. 정치 생명이 위협받는다고 해서 제 원칙을 버릴 수는 없었습니다."

진실한 자세로 자신의 원칙과 소신을 지키는 사람이 오히려 비난을 받고 손가락질 당하는 경우가 많습니다. 그러나 결국에는 원칙을 지키는 사람이 승리하게 돼 있습니다.

특히 어려울 때 원칙과 소신을 지키는 것은 커다란 용기가 필요한 일입니다. 더욱이 타인으로부터 오해나 비난을 받고 있는 상황이라면 그것을 묵묵히 참아 내며 진실이 밝혀질 때까지 기다린다는 것은 정말로 어렵습니다. 그래도 자신의 꿈의 실현을 위해 기본적인 원칙과 소신을 반드시 지켜야 합니다.

네트워크 마케팅은 세상의 변화를 따라잡는 핵심 열쇠!

가진 것이라고는 열심히 노력할 자세와 시간 그리고 육체뿐인 사람에게 인적 자원을 충분히 활용할 수 있도록 기회를 제공하는 사업이 바로 네트워크 마케팅입니다. 네트워크 마케팅은 유산과 자본 없이 인적 자원만 가지고 할 수 있는 사업이기 때문입니다. 고령화 시대가 되어도 할 의욕만 있다면, 신체적 능력만 따라준다면 언제까지라도 할 수 있습니다.

그렇다고 누구나 성공할 수 있는 것은 아닙니다. 이 사업 역시 비즈니스이므로 열심히 노력하는 사람만이 성공할 수 있는 것입니다.

특히 네트워크 마케팅은 하던 일을 그만두고 하는 것이 아니라 부업의 개념으로, 즉 투잡(더블 잡) 개념으로 할 수 있는 것이므로 얼마든지 사람들의 흥미를 유발할 수 있습니다. 따라서 돈이 많이 들지 않는 일 중에서 중장기적으로 마라톤형 사업을 찾아보라면 네트워크 마케팅을 긍정적으로 생각해 볼 필요가 있습니다. 실제로 네트워크 마케팅으로 성공한 사람들은 일 그 자체를 즐기면서 인생을 향유하고 있습니다.

그렇다고 그들이 한꺼번에 많은 돈을 투자하여 돈을 번 것이 아닙니다. 인내심을 발휘하여 한 단계 한 단계 전진함으로써 자신의 목표를 실현한 것뿐입니다.

세상은 빠르게 변화하고 있습니다.

그 변화 속도에 비례하여 세상에는 과거와 달리 해석되어져야 할 것들이 너무도 많습니다. 10여 년 전에 '과연 사업성이 있을까?' 라고 의문을 갖게 만들었던 일들이 지금은 주변에서 흔히 볼 수 있는 아이템들이 되었습니다.

우리는 지금 '가치관의 퓨전' 상태에 놓여 있습니다. 하지만 그 밑바닥에는 거대한 통합의 물길이 말없이 흐르고 있습니다. 그 물길이 바로 기회입니다.

아무리 괜찮은 기회가 있어도 아무리 당신이 하고자 하는 일이 있어도 당신이 알아보고자 하지 않으면 기회는 찾아오지 않습니다.

새로운 것을 시도하는 경우, 그것에 대해 부정적인 사람은 어느 시대를 막론하고 있게 마련입니다. 우리는 이미 학교를 졸업하면서 인생의 전반전을 끝냈습니다.

그리고 사회 생활을 하면서 인생의 후반전을 발바닥에 땀이 나도록 뛰고 있습니다. 그런데 중요한 것은 후반전이 끝이 아니라 연장전이 남아 있다는 사실입니다.

이제 인생의 연장전을 준비하십시오.

TIP

진정한 실속파는
21세기의 새로운 사업 코드에 접속한다

네트워크 마케팅 사업이 정말로 이 불안정 시대, 불완전 고용의 시대에 투잡, 사이드 잡으로서의 매력을 느끼고 비전을 보았다면 진실로 중요한 것은 바로 행동으로 옮기는 것입니다.

네트워크 마케팅 사업에서 성공하기 위해서는
첫째, 많은 사람들과의 관계 유지에 힘써야 합니다. 즉, 휴먼 네트워킹의 확대와 그 관리에 전력을 다해 자기 사람으로 만드는 기술이 필요합니다.
둘째, 단기간에 사업 실적을 기대하는 것이 아니라, 장기적 안목을 가지고 꾸준히 하여야 합니다.
셋째, 진실과 성실함으로 마음을 무장하고, 사업 원칙을 지켜 나가려는 자세가 있어야 합니다.
넷째, 끊임없는 자기 계발을 하여 시대의 조류를 살필 줄 아는 능력을 키워야 합니다.

사이드 잡 더블 잡

1판 1쇄 찍음 2004년 8월 31일
1판 8쇄 펴냄 2016년 4월 28일

지 은 이 이영권
펴 낸 이 배동선
마케팅부 최진균
총 무 부 이다혜
펴 낸 곳 아름다운 사회

출판등록 2008년 8월 15일
등록번호 제2008-1738호

주   소 서울시 강동구 성내동 419-28 아트빌딩 2층 (우: 05403)
대표전화 (02)479-0023
팩   스 (02)479-0537
E-mail assabooks@naver.com

ISBN 89-5793-059-0 03320

값 5,000원

잘못된 책은 교환해 드립니다.